ARCHI PAS CHÈRE

OLIVIER DARMON

ARCHI PAS CHÈRE

20 extensions de maisons

Tome 3

Editions OUEST-FRANCE

NB : Les extensions sont classées par coût au mètre carré TTC hors honoraires, indépendamment du coût total de l'opération incluant les éventuels travaux de réhabilitation ou de rénovation du bâtiment existant. Sachant que le prix de la construction augmente régulièrement et qu'il n'est pas homogène d'un département à l'autre, il s'agit d'un classement arbitraire. Il est donc à relativiser. Il faut aussi considérer qu'une extension représente chaque fois de par sa nature un cas particulier, ce qui signifie que l'intervention et son coût sont dépendants des caractéristiques de la bâtisse existante. A prendre en compte également : les souhaits des commanditaires, le niveau de finition désiré et leur participation, ou non, à la réalisation des travaux. Quoi qu'il en soit, le détail du montant des travaux lot par lot des projets publiés porte exclusivement, sauf mention contraire, sur ce qui concerne l'extension, idem pour les matériaux utilisés. Les travaux de réhabilitation d'un bâtiment existant bénéficient d'une TVA réduite à 5,5 % tandis que les extensions sont taxées au même titre qu'une construction neuve à 19,6 % du montant des travaux.

SOMMAIRE

A Juju

NE PAS DÉMOLIR

Les maisons survivent à leurs premiers occupants et découvrent avec leurs habitants successifs d'autres besoins qui sont le reflet d'une époque et d'une manière de vivre différentes. Expression d'une propension naturelle à s'étendre et s'adapter ainsi à de nouveaux scénarios, les extensions s'inscrivent dans cette dynamique. On cherche à agrandir pour de nombreuses raisons : un séjour jugé trop petit, des chambres qui manquent, le souhait de bénéficier de vues, de profiter davantage du jardin, une envie d'autonomie au cœur de la maison pour travailler, dormir ou bricoler… bref, l'exigence d'un supplément de confort dans une habitation dont les maîtres d'ouvrage souhaiteraient idéalement aussi qu'elle soit plus conforme à leurs aspirations, qu'elle leur ressemble davantage. Le terme d'extension recouvre des interventions de nature diverses qui loin de s'exclure les unes et les autres sont souvent interdépendantes, se complètent et se font écho. En apportant une solution à un besoin ponctuel d'espace, les projets convenablement menés corrigent si nécessaire la conception d'origine améliorant, selon, la distribution des pièces, la fluidité des espaces, la circulation de la lumière, l'ampleur des volumes, etc.

L'extension témoigne le plus fréquemment d'un rapport particulier au lieu, un attachement au site, ou à la bâtisse, et ce qu'il représente pour diverses raisons. On s'étend parce qu'on ne veut pas partir, ou plus exactement parce que la question de déménager ne se pose même pas : c'est ainsi qu'on pourrait résumer l'essentiel des entretiens avec les commanditaires des projets présentés. Le plupart ne souhaitent pas quitter leur maison et leur environnement familier, le quartier, les amis, parce qu'ils s'y plaisent et n'ont aucune envie de perdre leurs repères pour tenter une autre aventure ailleurs. Quant à ceux qui enclenchent une phase de travaux suite à l'achat d'un bâtiment ancien, ils témoignent d'un même enthousiasme quant à un site qu'ils n'ont pas expérimenté mais dont les atouts les séduisent. Le centre-ville, ou sa proximité immédiate, les facilités de transports, les commerces, les écoles, l'indépendance vis-à-vis de l'usage de l'automobile sont autant d'arguments qui ont orienté leur choix, au détriment d'une maison neuve, plus spacieuse, avec un jardin plus grand, un voisinage moins proche. Lorsqu'il s'agit d'une résidence principale, les opérations d'extensions s'inscrivent majoritairement dans des lieux urbanisés et échappent par conséquent à la tendance caractérisant la construction des maisons individuelles, de plus en plus éloignées des villes où le foncier est plus cher. Elles ne participent pas au mitage du territoire, mais augmentent à leur petite échelle la densité des agglomérations. En ce sens, il s'agit de projets d'impact environnemental minime [1]. A cet égard, *Espaces partagés* est exemplaire par la démarche adoptée : la transformation d'une maison avec jardin pour une famille en deux logements autonomes pour deux familles, chacune bénéficiant d'espaces extérieurs en centre d'agglomération.

1. « Un terrain favorable à l'environnement, du point de vue de l'effet de serre (et de toutes les autres pollutions induites par le déplacement automobile), c'est un terrain qui offre :
— La possibilité d'accéder à pied (moins de 500 m) à un équipement scolaire (maternelle, primaire).
— La possibilité d'accéder à pied (moins de 500 m) ou à vélo (moins de 2 km par liaison douce) à des commerces de proximité (journaux, boulangerie, légumes, boucherie).
— La possibilité d'accéder à pied (moins de 500 m) à un arrêt de réseau de transports collectifs permettant au moins d'accéder à un collège, un lycée, un centre administratif et une gare SNCF. »
« Tout ou partie de ces exigences sont à prendre en compte par le propriétaire maître d'ouvrage dans le choix du site (état actuel et prévisions d'aménagement par la collectivité) pour justifier d'une démarche HQE. »
Source : « Grille méthodologique pour une démarche de qualité environnementale appliquée à la construction de maisons individuelles en secteur diffus », ADEME (Agence de l'Environnement et de la Maîtrise de l'Energie), 2003.

Quoi qu'il en soit, on ne choisit de s'étendre que sur un terrain de prédilection, que ses atouts aient été validés par une expérience éprouvée ou récemment élus comme tels. Et puis il y a bien entendu la dimension économique du projet. Plus de la moitié des chantiers ont été réalisés avec un budget inférieur à 120 000 € TTC, restructuration, réhabilitation et extension comprises, quatre dépassant le seuil des 1 200 € par mètre carré d'extension créé. Compte tenu des opérations réalisées, il s'agit de prix de revient raisonnables, voire très économiques pour certains au regard, par exemple, du coût moyen d'une véranda installée par un vérandaliste [2] dont les modèles les plus sophistiqués peuvent atteindre les 2 500 €/m² TTC pour des interventions qui somme toute ne font qu'ajouter une pièce supplémentaire et rien de plus. A ce sujet, on notera d'ailleurs que lorsqu'elles s'inscrivent dans un programme proche de celui d'une véranda, *Cap à l'ouest*, « *La véranda* », les interventions d'architectes s'efforcent d'enrichir ce programme, d'aller plus loin, d'offrir davantage de qualités que celles résultant de la greffe d'un produit préconçu fût-il hautement technique. Le premier de ces projets crée aussi une terrasse à l'étage, quant au second, il se distingue du mode traditionnel d'implantation de ce type d'ouvrage en étant décollé du bâtiment existant exposé nord afin d'obtenir une façade sud.

2. Pour une véranda complète avec minimum trois côtés et une toiture à deux ou trois pentes, le réseau Vérambelles estime « entre 1 000 et 1 200 € TTC le prix moyen compris du mètre carré couvert au sol pour un ouvrage en aluminium non considéré comme une pièce à vivre en permanence et entre 2 000 et 2 500 € TTC le mètre carré au sol pour une pièce habitable en aluminium ou en bois de cèdre ; le matériau de remplissage étant le verre en façade et toiture ». Le marché français de la véranda « en croissance d'environ 7 % par an représente entre 75 000 et 90 000 ouvrages livrés chaque année, 45 % d'entre eux ayant une superficie supérieure à 20 m² », indique le réseau Vie & Véranda.

Comment agrandir ? Les réalisations présentées résultent d'un choix ouvert. Elles répondent à des programmes très différents créant, selon, un logement indépendant, une terrasse extérieure, un garage, un séjour, une cuisine, une ou plusieurs chambres avec salle de bains ou non... Les surfaces construites sont donc variées, entre 32 m² (*Jardin suspendu*) et 129 m² (*Espaces partagés*), les trois quarts d'entre elles étant supérieures à 50 m². Quant aux types de croissance et d'implantation adoptés, ils témoignent d'options diverses : surélévation ou extension, qu'elle soit accolée ou dissociée, de plain-pied ou en double hauteur. De même, le mode constructif et les matériaux utilisés sont eux aussi dissemblables : maçonnerie, bois ou métal en structure ; tuile, ardoise, bois, fibres-ciment, verre, voire textile, en toiture ou en parois verticales.

Cet ensemble hétérogène est représentatif de l'éventail quasi infini de solutions que génère une opération d'extension, intervention qui doit inévitablement composer avec de nombreux paramètres : les particularités d'un site et son règlement d'urbanisme, les caractéristiques du bâtiment existant, la spécificité du programme souhaité et, bien entendu, le budget alloué. Produit de ce millefeuille de contraintes plus ou moins fortes, le résultat obtenu n'est jamais convenu, preuve s'il en est que la liberté et la fécondité loin d'être bridées par un cadre astreignant s'épanouissent au contraire dans la difficulté que représente la complexité. C'est bien d'ailleurs ce qui intéresse en priorité les architectes des projets présentés : se laisser nourrir par les contraintes, échafauder des scénarios possibles et de proche en proche éliminer, ajouter, arbitrer, organiser et caler une masse d'éléments épars de manière plus précise pour se diriger vers une solution cohérente et satisfaisante.

Satisfaisante parce qu'elle répond aux besoins formulés du maître d'ouvrage, mais les dépasse aussi dans une large mesure. Les projets qui suivent génèrent d'autres bénéfices qu'une surface supplémentaire – et des qualités tout autres qu'une maison neuve telle que les constructeurs de maison individuelle la conçoivent. Ce qui explique pourquoi leurs commanditaires s'estiment satisfaits « au-delà de leurs espérances ». Moins préoccupées de remplir une grille de normes, garantie supposée d'une habitation ipso facto « certifiée », ces interventions spécifiquement pensées s'efforcent plutôt d'innover pour cibler l'essentiel, tirant ainsi leur légitimité non pas d'une réglementation, mais des bénéfices d'usage engendrés. *Auprès de mon arbre* crée l'espace jour manquant, et lui alloue un volume de maison de maître. *La maison dans la maison* génère les chambres d'enfant souhaitées, et les dote d'une double orientation et d'un espace commun ludique. *Le chaînon manquant* rend un pigeonnier du XVIIIe siècle habitable, et lui procure un vaste jardin d'hiver, une vue dominante ainsi qu'un pavillon d'été. *La maison de Sébastien* élabore la surface autonome indispensable adaptée à son habitant malade, et lui confère une situation privilégiée au cœur de l'activité de la maison, *Alternative textile* convertit une ruine de 18 m^2 au sol en maison de villégiature, et lui offre en dépit d'une réglementation très contraignante la surface généreuse attendue d'une résidence de vacances via un vaste espace extérieur modulable. Etc., etc. Tous les projets réorientent si nécessaire la maison sur son jardin, ce qui n'est pas la moindre de leurs qualités.

Ces interventions constituent-elles chaque fois la meilleure solution possible ? Nul ne le saura jamais, et ce n'est d'ailleurs évidemment pas en ces termes que la question se pose. Pour s'en convaincre, il suffit d'observer les résultats d'un concours d'architectes qui portait précisément sur la réalisation d'une extension de maison individuelle (cf. Concours privé pour l'extension d'une maison de banlieue). Bien malin qui pourra déterminer avec certitude lequel des trente projets participants était la contribution méritant le prix d'excellence... Les commanditaires ont effectué un choix, le leur, en fonction de leur sensibilité et de critères qui leur semblait déterminants. Pour autant, les propositions écartées étaient appropriées, développant une logique cohérente en regard du programme et du site, du montant maximum des travaux et de toutes ces contraintes précédemment évoquées. Quoi qu'il en soit, cette opération organisée par le collectif d'architectes Plan 01 s'avère instructive car établissant entre autres la grande richesse d'interventions que suscite le genre « extension ». « Dans le cadre de contraintes parfaitement respectées, la preuve est faite qu'il y a autant de réalisations possibles que de maîtres d'ouvrage et d'architectes », résument les organisateurs.

Le fort potentiel de l'extension s'est aussi révélé l'un des points importants de l'entretien que nous a accordé l'architecte Anne Lacaton. Dans la mesure où la question de l'espace « en plus » est au cœur des projets et de la réflexion de l'agence Lacaton & Vassal, il nous semblait intéressant d'enrichir cette introduction en présentant l'un de ses projets anciens, peu publié, d'extension de maison individuelle, et en écoutant son point de vue sur ce type d'intervention qu'elle transfert aujourd'hui aux immeubles collectifs, notamment dans le cadre de la réhabilitation de grands ensembles. L'architecte indique qu'il est rarement pertinent de démolir, opération paradoxale dans le contexte d'une politique de développement durable. L'argument mérite d'être considéré avec attention. D'une certaine manière, tel est également le propos de l'ouvrage. Les projets présentés insufflent une nouvelle vie à des bâtisses modestes en révélant leur potentiel. Il en résulte des habitations mettant en œuvre des solutions singulières qui produisent des logements aux configurations et attraits uniques pourvus de toutes les qualités attendues d'une maison d'aujourd'hui. Ce qui revient à les préserver de manière dynamique et inventive. C'est aussi pourquoi cette introduction se clôt avec le projet de Frédérique Pyra-Legon, opération d'extension et de réhabilitation lourde sur un bâtiment particulièrement ordinaire dont le mérite se résume en somme à celui d'exister et de bénéficier de fondations convenables... Sa résurrection l'atteste, il valait bien d'échapper à la démolition.

Olgga Architectes (Guillaume Grenu, Olivier Laurent)

Raphaël Gabrion

Concours privé pour l'extension d'une maison de banlieue

Début 2005, un couple s'adresse au collectif d'architectes Plan 01. Leur souhait ? Réaliser une extension de la maison qu'ils occupent depuis dix ans aux environs de Paris. Plan 01 n'a pas le temps de gérer ce projet, en revanche, il le trouve très intéressant. Erigé en meulière au cours des années 1930 sur une parcelle de 1 500 m² dans un tissu pavillonnaire, le bâtiment existant développant une surface de 120 m² représente l'archétype de la maison d'Ile-de-France. Quant au programme formulé, il s'avère lui aussi très courant : une extension de quelque 60 m² comprenant l'agrandissement du séjour, de la cuisine et la création d'une suite parentale (chambre, dressing et salle de bains). Budget alloué ? 173 000 € TTC, travaux importants de réhabilitation compris (hors honoraires 10 % du montant des travaux HT). Le projet, en somme, à valeur de modèle et c'est la raison pour laquelle Plan 01 propose bénévolement au couple d'organiser un concours auprès de jeunes architectes. L'objectif est double : d'une part, donner à leurs confrères récemment diplômés l'opportunité de travailler sur un programme concret et offrir au lauréat sa première commande privée ; d'autre part, « encourager le grand public à faire appel à un architecte plutôt qu'à un constructeur, démontrer via une exposition et un livre * à quel point un programme très simple peut susciter des réponses architecturales d'une grande variété ».

Signe de l'intérêt qu'engendrent les programmes d'extension de maison individuelle auprès des jeunes architectes, le concours reçoit cent trente candidatures. Trente équipes sont sélectionnées et autant de projets remis trois mois plus tard à un jury constitué pour l'occasion par les dix architectes du collectif et cinq personnalités extérieures (un ingénieur,

Le projet lauréat de Jojko.Nawrocki.Mani. Le rez-de-chaussée en voie d'achèvement. Logé dans le volume de verre, le séjour est en relation directe avec le jardin. Le mur de pierres ajouré filtre la lumière du sud dans le bureau contigu.

ɪd Fabrik (Benoît Rougelot, Didier Cheneau)

I + I (Colas San, Aude Cousinie)

Charles Carre

un styliste et trois journalistes de la presse grand public). Sept propositions sont retenues et livrées au choix des maîtres d'ouvrage selon trois thématiques dégagées par Plan 01 : « Les projets dits "objets" qui conçoivent l'extension comme une forme pure venant se coller à la maison existante et éventuellement la concurrencer en organisant un contraste fort entre le neuf et l'ancien ; les "cabanes" qui appréhendent l'extension comme une composition autour du bâtiment, la maison développant une nouvelle relation avec son territoire ; les "dissimulés" dont la ligne de conduite qui consiste à ne pas transformer la maison, sinon de façon minimaliste, génère des propositions tendant à se camoufler, voire à s'enterrer sous les niveaux du jardin. » C'est à cette dernière catégorie que se rattache le projet lauréat. Et comme preuve que la rencontre avec l'architecte est souvent des plus fructueuses, il s'agit d'une proposition divergeant du programme formulé par les maîtres d'ouvrage. Ceux-ci souhaitaient attribuer à chacun de leurs trois enfants un espace nuit autonome, mais ils pensaient également établir leur propre chambre à ce même niveau. Or la proposition qu'ils ont finalement retenue crée une suite parentale totalement dissociée de l'étage, semi-enterrée dans la partie basse du jardin, espace très pentu jusqu'alors en friches qu'ils n'avaient jamais imaginé pouvoir exploiter – et leur offrant désormais une terrasse privative. Comme le bureau du niveau supérieur, cet espace reçoit la lumière du sud par un dispositif de moucharabieh créé dans le mur de meulière perforé et doublé d'un vitrage fixe sablé.

* L'exposition s'est déroulée en avril-mai 2006 à la Maison de l'architecture d'Ile-de-France. Le livre est en cours de rédaction.

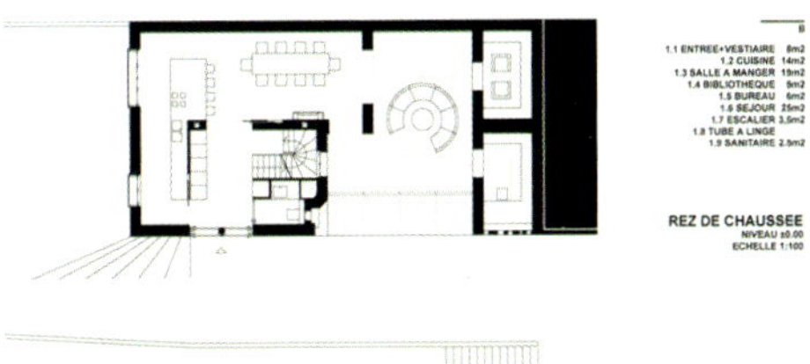

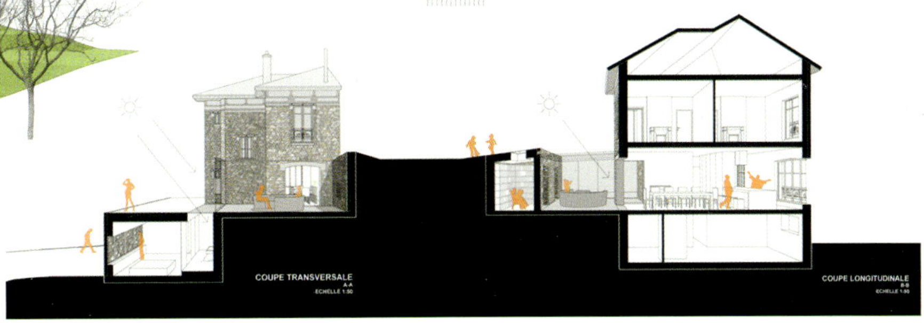

Le projet lauréat met à profit la topographie du terrain pour créer une suite parentale semi-enterrée au niveau bas du jardin. Elle fonctionne comme une entité autonome, dissociée du bâtiment existant avec lequel elle est reliée via son sous-sol.

© David Pradel

Le teck en pignon et sol de terrasse crée un volume unifié qui tend à fondre le nouveau bâtiment dans la végétation. Depuis les chambres de l'étage, le procédé participe aussi à intégrer la surface de toiture créée en lui conférant un aspect qui évoque davantage des plans successifs de terrasses.

Un genre complexe…

Ce projet réalisé par les architectes Anne Lacaton et Jean-Philippe Vassal est intéressant pour deux raisons au moins. Il est significatif des contraintes multiples que peut rencontrer l'extension d'un bâtiment ; et témoigne aussi du potentiel de l'extension, intervention qui, au-delà de l'ajout d'une surface supplémentaire, peut requalifier l'habitation existante, un effet « deux en un » en quelque sorte. Dans un quartier pavillonnaire des années 1950 d'une commune de la banlieue de Bordeaux, le bâtiment érigé en R + 1 sur sous-sol semi-enterré correspond à la partie est d'une maison double mitoyenne sur sa face ouest. Les maîtres d'ouvrage ? Un couple souhaitant que leurs trois filles bénéficient chacune de leur propre chambre, opération qui revient à leur attribuer l'étage, celui-ci comprenant les trois seules chambres de l'habitation et une salle de bains partagée. La demande d'extension formulée aux architectes porte sur une chambre-bureau pour leur propre usage, une manière d'accroître l'espace vital familial.

L'option retenue consiste en une implantation sur le flanc sud de la bâtisse existante en limite de propriété, emplacement de la porte d'entrée de l'habitation. Son objectif est double : réorienter la façade principale sud de la maison vers le jardin, peu ouverte sur cette orientation accueillant la salle à manger, puis, pour l'extension, obtenir une vue traversante sur la plus grande dimension de la parcelle, espace agréable et abondamment planté. Mais procéder ainsi suppose simultanément d'effectuer plusieurs opérations : organiser une nouvelle entrée fonctionnant convenablement avec l'escalier existant, repositionner les toilettes présentes dans cette zone, ou encore de gérer le niveau du sous-sol qui perturbe l'intention d'instaurer une relation fluide avec le jardin.

« Cette petite extension représentait beaucoup de complexité se souviennent les architectes, cela s'est avéré très long à caler, d'où cette forme un peu bizarre qui vient chercher la vue là où elle se trouve. La construction permet aussi d'aménager un accès progressif à la nouvelle entrée par deux niveaux de terrasse tendant à gommer le sous-sol afin d'établir un lien direct avec le jardin. »

Associée à un décloisonnement de l'espace cuisine-salle à manger, et à un agrandissement de l'ouverture de son unique fenêtre pour créer une porte-fenêtre, l'intervention requalifie efficacement l'habitation qui s'ouvre désormais largement au sud en profitant de la terrasse du niveau entrée, espace extérieur protégé par la volumétrie de l'extension. Le rampant adopté assure l'intimité de cette chambre-bureau en bloquant les vis-à-vis. Côté salle à manger, il adoucit le volume créé, ouvre la vue, réduit les ombres portées sur la terrasse et favorise ainsi l'ensoleillement. Quant à l'espace intérieur, il installe les habitants au niveau du terrain. Son cloisonnement composé de biais (cf. plan) se déduit du calage précis des différents espaces : penderie d'entrée et toilettes, dressing et salle d'eau.

Architectes : Anne Lacaton et Jean-Philippe Vassal. Surface créée : 50 m². Année de réalisation : 1995. Coût (restructuration du rez-de-chaussée et terrasses extérieures comprises) : 370 000 francs/ 57 000 € (valeur 1995). Gros œuvre : 9 500 € (16,7 %). Charpente-couverture-terrasses : 13 500 € (23,7 %). Menuiserie bois extérieure et intérieure : 16 500 € (29 %). Chauffage-plomberie-électricité : 10 000 € (17,5 %). Autres finitions : 7 500 € (13,1 %).

Détail de la façade est. L'extension fait face à la salle à manger existante et lui attribue une terrasse ouvrant cette pièce sur le jardin (arrière-plan).

La chambre bureau est largement ouverte à l'est par une double porte vitrée prolongée par un châssis fixe épousant le rampant sous lequel est installé un plateau de travail. Masquée par le rideau (arrière-plan, à droite) une porte vitrée permet de profiter également de la lumière du sud.

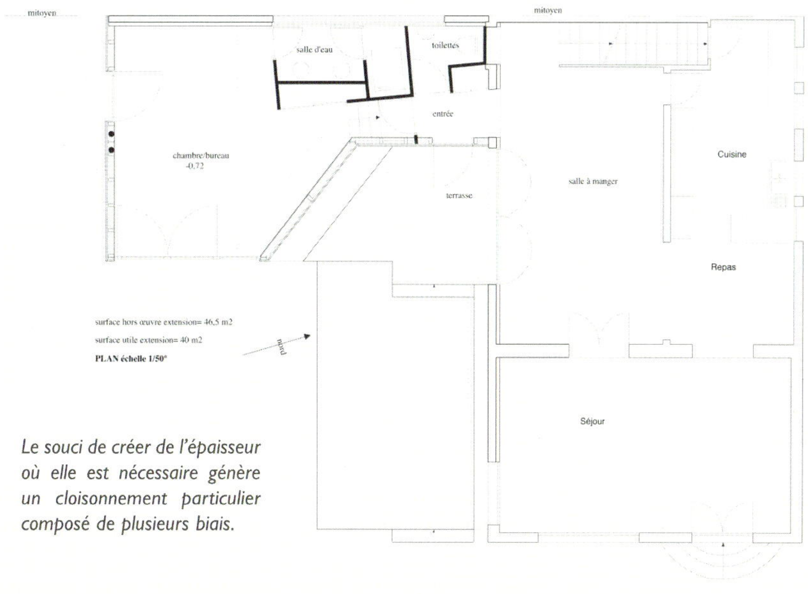

Le souci de créer de l'épaisseur où elle est nécessaire génère un cloisonnement particulier composé de plusieurs biais.

Le potentiel de l'extension

Entretien avec Anne Lacaton, architecte cofondatrice de l'agence Lacaton & Vassal [1]

L'extension, un genre mineur ?

Pas du tout. La contrainte de l'existant produit des solutions inévitablement différentes que si l'on partait d'une page blanche et c'est en cela qu'il s'agit d'une opération intéressante en termes d'architecture. Sur les objectifs essentiels que sont la création d'espace supplémentaire, la recherche d'ouverture et de lumière, la fluidité de la distribution, la capacité d'appropriation, l'extension est riche d'enseignements. D'une certaine façon, les projets d'extension questionnent les modèles. Et finalement, ils apportent toujours des modes d'habitation autres que ceux d'un logement neuf, car issus de contraintes, d'une situation déjà là... Ces modes sont porteurs d'idées dont on peut s'inspirer pour de nouveaux logements.

Le genre serait plus complexe que la construction neuve ?

Il est aussi complexe, mais pas pour les mêmes raisons. La complexité est également bien présente dans le neuf si l'on tente de sortir des modèles et de ne pas subir l'impact des normes, toujours plus nombreuses. Dans les deux cas, la difficulté consiste à trouver des solutions inventives à des contraintes. L'extension est totalement inscrite dans l'architecture de l'habitat individuel. On s'étend parce qu'on a besoin de « plus », ce qui établit que bénéficier d'espace, ne pas être à l'étroit, est une donnée capitale en matière d'habitat. La plupart des maisons sont constituées d'additions : il y a une inclination quasi naturelle à s'étendre... Ce besoin récurrent d'agrandir l'espace nous intéresse énormément. Dans les constructions neuves, nous souhaitons systématiquement intégrer dans nos projets depuis quinze ans cette idée de l'espace « en plus » qui permet justement de donner de l'air, d'anticiper sur des besoins...

Plusieurs de vos réalisations, dont la maison Latapie [2], sont en quelque sorte livrées avec une extension...

On pourrait en effet dire cela puisqu'elles intègrent un espace bien plus généreux que le standard sans pour autant augmenter le budget. Celui-ci est conçu sans attribution particulière et devient, autrement dit, ce que le mode de vie de l'habitant veut bien en faire. Il peut être utilisé comme un espace intermédiaire entre l'habitation et son jardin, un jardin d'hiver – dispositif thermiquement efficace – ou, pourquoi pas, représenter déjà une capacité d'extension. Il s'agit d'un espace de liberté qui répond au besoin de se déployer... Il rend la maison plus confortable, ses volumes plus agréables. Nous travaillons beaucoup sur cette question-là : dilater au maximum l'espace à habiter, lui donner des prolongements sans que cela pèse sur les coûts.

A l'heure où le développement durable est invoqué comme une nécessité, envisager une extension, quand elle est possible, paraît une démarche plus pertinente que démolir pour reconstruire ou déménager pour bâtir ailleurs...

L'argument selon lequel il conviendrait de démolir pour reconstruire « mieux », plus adapté techniquement, ne nous semble absolument pas pertinent, ni écologiquement, ni économiquement. En elle-même, la démolition est contradictoire avec le principe de développement durable. Celui-ci ne saurait se résumer au seul objectif des économies d'énergie et à la recherche de performances techniques pour générer ces économies.

Il ne s'agit évidemment pas de contester la nécessaire maîtrise des ressources, mais cette façon d'opérer qui consiste à privilégier les technologies conduit aussi à les multiplier pour répondre aux réglementations. Or, les budgets n'étant pas extensibles, cette logique a pour conséquence la diminution des surfaces habitables des logements. Nous pensons que construire « mieux », s'inscrire dans une architecture durable, ce n'est pas concevoir un espace plus petit fût-il performant, mais entreprendre au contraire la création d'espaces plus généreux afin que l'habitant s'y sente bien « durablement », et faire en sorte simultanément, car ce n'est pas contradictoire, que cela engendre également des économies d'énergie.

Comment ?

En traitant la question par des espaces additionnels, des volumes intermédiaires non chauffés, des jardins d'hiver : ils fonctionnent comme une double façade bioclimatique génératrice d'économies d'énergie, mais simultanément sont utilisables et procurent un confort et un plaisir d'habiter que ne peut pas offrir une façade technique à triple vitrage. C'est pourquoi plutôt que de démolir des immeubles ayant malgré tout des qualités de base, ne serait-ce que structurelles, et qui sont habités, nous préférons transformer, recycler, améliorer ce qui ne va pas, ajouter ce qui manque. On parvient ainsi à obtenir des logements dont les qualités et les performances techniques sont d'un très bon niveau et ce d'une manière plus rapide, plus économique, mais aussi plus douce.

A lire les médias, on a souvent l'impression en effet qu'une maison « écologique » se résumerait à une habitation équipée des derniers produits les plus performants...

C'est un peu ça... Et finalement lorsqu'on examine ces maisons « écologiquement parfaites », ça donne quoi ? En effet, elles sont parfaitement isolées, copieusement équipées de dispositifs visant à économiser l'énergie, mais elles n'apportent pas vraiment un mieux en termes d'habitabilité ; leurs surfaces vitrées sont réduites pour se protéger du

La tour Bois-le-Prêtre à Paris avant et après extension. Celle-ci se fonde sur la création de planchers en périphérie du bâtiment afin de prolonger les séjours de ses 96 logements par un jardin d'hiver et un balcon. Associée à l'ouverture de la façade existante par des baies vitrées, l'opération permet non seulement d'agrandir les appartements, mais également d'améliorer leur confort en dégageant les vues et leur procurant un apport abondant de lumière naturelle.

Ci-dessous : *schéma du principe de croissance adopté.*

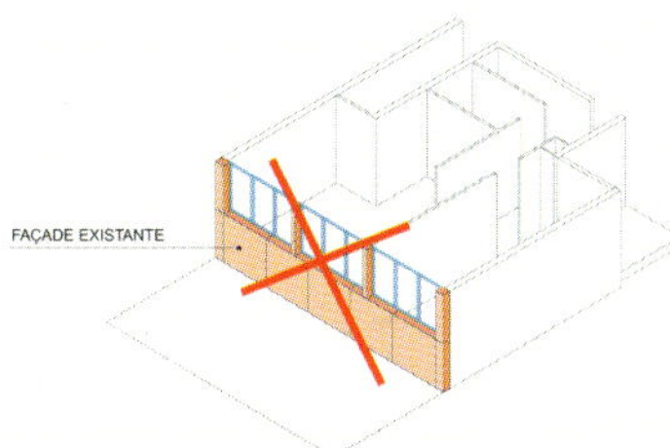

APPARTEMENT T2 EXISTANT

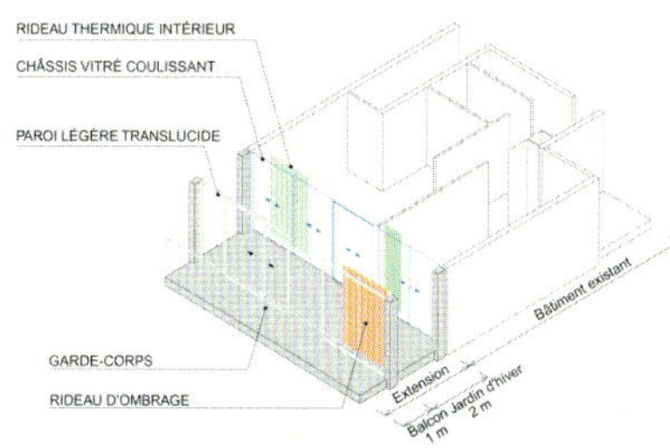

APPARTEMENT T2 + EXTENSION (JARDIN D'HIVER + BALCON)

climat extérieur, leurs volumes manquent d'ampleur et de lumière. Nous considérons, à l'inverse, que c'est avant tout à l'espace et non à la technologie de jouer un rôle de régulateur thermique et de produire cette performance énergétique. Encore une fois, ce n'est pas l'un ou l'autre. Il n'y a pas à choisir. Ce propos expérimenté avec la maison Latapie en 1992, puis plus récemment dans des habitations à Mulhouse, nous l'appliquons maintenant à la réhabilitation d'ensembles de logements HLM.

Le séjour existant : une pièce dont les ouvertures réduites bloquent la circulation de la lumière naturelle et entravent les vues. La communication parcimonieuse entre l'intérieur et l'extérieur tend à confiner l'habitant dans un espace clos.

© Frédéric Druot, Anne Lacaton & Jean-Philippe Vassal

Comment opérez-vous ce transfert aux immeubles collectifs ?

Le principe de transformation s'articule sur l'ouverture et l'extension. Le constat de départ est celui-ci : les logements sont souvent trop petits, notamment les séjours. Quant à leurs façades, elles sont très fermées d'où un déficit de lumière et de vues. Il s'agit donc de créer d'importantes baies vitrées là où le plus souvent les façades sont opaques et les fenêtres de dimensions réduites, puis d'élaborer un espace extérieur sous forme de balcon de manière à déployer plus généreusement l'espace à vivre. Cette opération se complète par l'amélioration des zones communes et notamment les halls afin d'augmenter les capacités de distribution et faciliter l'accès aux logements.

En fonction du mode de construction des immeubles et leurs contraintes, l'extension peut s'effectuer de différentes manières. Dans un grand nombre de cas, dont la tour Bois-le-Prêtre à Paris, nous venons apposer des extensions autoportantes en périphérie du bâtiment. Elles remplacent les façades existantes et leurs petites fenêtres par de larges baies vitrées ouvrantes toute hauteur afin que chaque logement bénéficie pleinement de l'ensoleillement, des vues et de la ventilation naturelle. Ce type d'extension définit cet espace additionnel dont on parlait qui se comporte climatiquement comme un jardin d'hiver et accroît l'espace à habiter d'au moins 30 %. Cette stratégie de croissance produit à la fois un élargissement de l'habitabilité, une amélioration du confort thermique et une réduction de la consommation d'énergie.

Le dispositif présente l'avantage de requalifier radicalement le logement, l'immeuble et ses façades, pour un coût deux à trois fois moins élevé qu'une démolition suivie d'une reconstruction. Et il peut s'opérer sans le déplacement des habitants, opération elle aussi coûteuse et souvent mal vécue par les occupants qui souhaiteraient pour la plupart rester dans leur immeuble et ne pas quitter leur quartier.

Quelles réflexions vous suggèrent les opérations « maison à 100 000 € », et maintenant « maison à 15 € par jour » ?

Encourager à considérer encore et toujours la maison individuelle comme le modèle accompli de l'habitat est absolument contradictoire avec une politique de développement durable. Cette idéalisation, chacun le sait, a un coût énorme, en termes de consommation de territoire, de raccordements aux réseaux, d'infrastructures routières, d'énergie consumée dans les transports individuels… Et elle génère des zones d'habitat un peu désurbanisées, sans vie collective, sans équipements. L'ensemble de ces données accablantes militent pour refréner la propagation des lotissements en périphérie des agglomérations.

Pour inverser cette tendance, il faut s'attacher à créer une attractivité à vivre dans des quartiers urbains plus denses en concevant des habitations collectives plus spacieuses, prenant davantage en compte le désir d'intimité et l'envie d'espace extérieur privé.

Comment agir sachant que la population plébiscite massivement la maison individuelle ?

Et comment être crédible en matière de développement durable si l'on ne met pas en avant d'emblée une question aussi fondamentale que la densification des agglomérations ? Les pouvoirs publics doivent prendre leurs responsabilités… Il est nécessaire de réhabiliter cette idée selon laquelle on peut vivre agréablement dans un contexte urbain, il est indispensable de faire comprendre que les qualités que l'on attribue pour l'instant exclusivement à la maison individuelle sont transférables aux habitations collectives. Et il est bien sûr impératif de mettre ces principes en œuvre. Les logements sociaux que nous avons réalisés à la Cité Manifeste de Mulhouse offrent toutes les qualités couramment conférées à une maison individuelle : des habitations sur deux niveaux, spacieuses (*NdA : en moyenne 102 m² utilisables pour les T2 et 177 m² pour les T5*), profitant d'un vaste espace intermédiaire en relation directe avec l'extérieur. Et nous sommes néanmoins sur des densités déjà importantes, autour de soixante-dix logements à l'hectare. Parmi d'autres, ce projet montre qu'il existe bien des alternatives à l'essor désastreux de la maison individuelle pour l'occupation du sol.

En soulignant les qualités des maisons d'architectes, « Archi pas chère » participe à cette irresponsabilité…

L'objectif de vos publications est avant tout d'amener le grand public à apprécier l'architecture et la qualité de vie qu'elle peut créer. Dans ce sens, c'est une bonne initiative. Mais il faudrait élargir le propos à

© Frédéric Druot, Anne Lacaton & Jean-Philippe Vassal

Le séjour après extension : les baies toute hauteur et toute largeur font profiter le logement de son potentiel de vues dégagées. Jardin d'hiver et balcon augmentent la sensation d'espace et encouragent un mode de vie en relation plus directe avec l'extérieur.

l'habitation en général afin d'établir que d'autres formes que la maison individuelle, plus denses ou plus collectives, produisent également des espaces à vivre agréables. Je comprends bien votre intention de montrer que la bonne architecture n'est pas élitiste mais accessible ; néanmoins, le titre « Archi pas chère » est réducteur et presque contre-performant dans la mesure où il subsiste toujours cette idée que ce qui coûte moins vaut moins. Or, il n'y a pas de relation automatique entre le prix et la qualité de l'architecture. La qualité de l'architecture, la générosité de l'espace, sont des exigences fondamentales alors que le coût est une contrainte qu'il faut gérer sans la subir. Pour revenir à la maison Latapie, réalisée avec un petit budget, elle a longtemps été considérée comme le résultat d'un projet à bas coût, ce qui nous désolait. Nous avons passé beaucoup de temps à expliquer que, tout au contraire, c'est avant tout une grande maison, confortable, lumineuse, mettant en place des principes bioclimatiques comme son important jardin d'hiver de 60 m^2. Obtenir ces qualités de « belle maison » et y parvenir avec le budget du client : telle était l'unique intention de départ. Il ne s'agissait pas de concevoir une maison « pas chère ». Le travail de l'économie est intervenu par la suite – non pour diminuer, ou supprimer –, mais à l'inverse pour optimiser et trouver les systèmes constructifs, les choix techniques et matériels appropriés pour respecter le budget. Si l'aspect réduction des coûts avait été notre seul objectif, il aurait été beaucoup plus facile alors de réduire la surface, éliminer la grande serre notamment, ce que nous ne voulions pas. La maison, ses matériaux, son fonctionnement, loin de signifier l'insuffisance d'un budget, témoignent surtout d'un optimisme architectural. Nous pensons donc plutôt qu'il s'agit d'une maison luxueuse au regard des espaces et de l'usage qu'elle propose.

Pour rester sur la maison Latapie publiée et republiée depuis quinze ans, que vous a-t-elle apporté ?

Elle a concrétisé des intentions et des convictions : l'importance capitale d'un espace généreux pour mieux vivre, mais l'importance aussi de gérer l'économie du projet, un élément majeur de l'architecture aujourd'hui, afin précisément de générer cet espace en plus sans augmenter les coûts, en utilisant des systèmes constructifs et des matériaux contemporains, standards, industriels. La réalisation de cette maison qui fut très instructive porte les bases que nous avons développées par la suite dans des projets d'échelle plus importante comme la Cité Manifeste de Mulhouse dont on parlait. L'école d'architecture de Nantes, en construction, procède d'un principe similaire : le programme spécifiait environ 9 000 m^2 utiles, nous avons proposé 18 000 m^2 utilisables. Ces 9 000 m^2 supplémentaires n'ont pas les mêmes caractéristiques, mais entre les deux espaces, l'un fonctionnel, très équipé, et l'autre moins, mais qui peut le devenir, il se produit un équilibre intéressant, une combinaison favorable à la multiplication des usages, à une plus grande activité et à une liberté accrue... Quant à l'intérêt renouvelé pour la maison Latapie, il laisse penser qu'elle a porté des idées qui font leur chemin ici et là, ce qui nous réjouit.

Pour Lacaton & Vassal, les petits projets, c'est maintenant une étape révolue ?

Non, cela ne se passe pas comme ça, nous intervenons sur des opérations de taille très différente. Il est assez naturel cependant de débuter un parcours en travaillant sur des petites échelles parce que les demandes ou les opportunités sont plutôt là, puis d'avoir envie de porter la réflexion à une échelle plus large, concernant un plus grand nombre d'habitants, ce qui nous a pris néanmoins un certain temps. Nous travaillons actuellement sur des programmes de logements plus importants ou de réhabilitation de logements sociaux : au lieu d'avoir à faire à une famille, il y en a plusieurs dizaines... Mais cela n'a modifié en rien notre pratique et l'attention que nous portons à l'espace et aux habitants. Il y a toujours ce même acharnement à vouloir pousser les limites, à offrir plus, plus d'espace, de confort, de plaisir, et à se donner aussi la liberté nécessaire pour réaliser les projets.

1. Anne Lacaton et Jean-Philippe Vassal ont fondé leur agence en 1987 à Bordeaux.
Ils sont Lauréats des Albums de la Jeune Architecture en 1991, Grand Prix national de l'architecture Jeune Talent en 1999 et Grand Prix national de l'architecture en 2008. Parmi leurs réalisations : Maison Latapie, Floirac (Gironde), 1993, Aménagement de la place Léon-Aucoc, Bordeaux, 1996, Maison à Lège-Cap-Ferret (Gironde), 1998, UFR Arts & Sciences Humaines, Université Pierre-Mendès-France, Grenoble, 2001, Site de création contemporaine au Palais de Tokyo, Paris, 2002, Habitations HLM, 14 maisons, Mulhouse, 2004, Ecole d'architecture de Nantes, 2006, Transformation de la tour HLM Bois-le-Prêtre, 96 logements, Paris, associés avec Frédéric Druot, architecte (en cours).
2. Cf. « Archi pas chère », tome 1, page 13.

Métamorphose

Le terme générique d'extension recouvre des interventions de nature très différente où la création de surface supplémentaire a souvent partie liée à un chantier de réhabilitation d'importance variable. Ce projet réalisé à Hyères est significatif de l'ampleur que peut prendre une opération d'extension lorsqu'elle est associée à une refonte totale du bâtiment existant, aspect formel compris. Ayant pour souhait d'habiter à proximité immédiate de leur lieu de travail, les commanditaires qui cherchent à acquérir en centre-ville visitent une maison idéalement placée, mais ne leur convenant sur aucun autre point. Ses volumes contenus, sa relation de piètre qualité avec le jardin, son austérité : rien ne séduit le couple qui prend alors conseil sur l'éventuel potentiel du bâtiment auprès d'une amie architecte, Frédérique Pyra-Legon. Ce n'est qu'une fois convaincu par ses premiers croquis qu'ils se portent acquéreurs. Leur objectif : une transformation complète de l'habitation et une augmentation importante de sa surface habitable. « Dans leur esprit, c'est bien un site qu'ils achetaient, pas une maison, indique l'architecte. Cependant, pour des raisons réglementaires, il n'était absolument pas pertinent de détruire la bâtisse pour repartir à zéro. » Telle qu'elle est implantée, à 3 m de la rue, l'habitation profite d'un ancien plan d'occupation des sols, un atout sachant que l'actuel plan local d'urbanisme impose aux nouvelles constructions de ce quartier résidentiel un retrait de 5 m par rapport à la voie publique. Soucieuse de ne pas perdre de droit à bâtir, l'architecte décide donc de conserver le bâtiment existant, option par ailleurs plus économique aussi que de tout raser pour reconstruire. Dans ce contexte, la démarche de l'architecte consistera à définir un volume d'extension optimisant toutes les contraintes du règlement afin de construire le plus grand possible. C'est ainsi que l'intervention adopte un mode de croissance calé sur les limites autorisées, en hauteur comme sur les flancs est-ouest.

En raison de l'absence de caractère de cette maison des années 1950, un modèle standard édifié dans la région à l'identique dans des sites variés, c'est sans état d'âme que la façade est réinterprétée. La zone entrée est revue par la création d'un porche. L'espace garage existant est supprimé pour être intégré à l'habitation. A partir des percements d'origine, des fenêtres de format carré aux dimensions réduites, l'architecte dessine des formes aléatoires, « des nuages, des "trous" plutôt que des baies » qui seront ouvertes au marteau-piqueur et

Page précédente, en haut : *la façade nord sur rue du projet avant travaux : une maison de maçon standard des années 1950 érigée en R + 1 sous toiture à deux pans en tuiles mécaniques.*

En bas : *la façade nord après travaux. La maison est surélevée de 1 m et dotée d'un toit terrasse. Un porche d'entrée est créé. A partir des fenêtres existantes l'architecte a imaginé des percements aléatoires en forme de nuages.*

Ci-dessus : *démolie et agrandie, la façade sud s'ouvre sur le jardin et la piscine par des baies vitrées toute hauteur. L'avant-corps abritant l'espace salle à manger du séjour est implanté en bordure de la piscine. Les deux palmiers accentuent le caractère balnéaire de cette maison située en centre-ville. L'habitation aux ouvertures réduites profite peu d'un jardin de belles dimensions pour une maison de centre-ville, 455 m².*

Ci-contre : *la façade sud avant travaux.*

Ci-dessus : *Le coin repas en surplomb de la piscine installe les habitants les pieds dans l'eau.*

Détail d'un des percements de la façade rue cadrant le château d'Hyères.

équipées de vitrage fixe. Dans sa nouvelle configuration, cette façade nord existante fonctionne comme un sas, un filtre protecteur entre la rue proche et la nouvelle construction se déployant en retrait de 5 m conformément aux obligations. Laissé partiellement toute hauteur, ce volume qui génère une loggia à l'étage dégageant des vues sur la colline et les ruines du château d'Hyères donne aussi une entrée indépendante au bureau contigu de la suite parentale.

La façade sud, entièrement vitrée en rez-de-chaussée comme à l'étage où elle est prolongée d'un balcon et d'une terrasse, instaure quant à elle un rapport immédiat avec le jardin et sa piscine. Répondant à la lettre au souhait formulé d'une maison balnéaire en centre-ville, l'aile est du bâtiment affleure avec la piscine, installant pratiquement l'espace salle à manger les pieds dans l'eau. Cet aspect villégiature de la maison est soutenu par la plantation de deux palmiers dans le caillebotis, une manière également d'inscrire la maison dans son site : Hyères, de son patronyme complet « Hyères-les-Palmiers », cultive cet arbre depuis quatre siècles et produit aujourd'hui quelque cent mille plants par an.

Spectaculaire par la métamorphose opérée, ce projet relevant davantage de la construction neuve que d'une réhabilitation établit néanmoins qu'il est souvent inutile de détruire, quand bien même le bâtiment d'origine ne présente que peu de qualités. Sans le choix de conserver la façade d'origine, l'option d'un percement poétique de cette paroi nord, élément clé de la nouvelle identité de l'habitation, ne se serait probablement pas présentée. De même, le dispositif de mise à l'écart de la rue par une zone tampon protégeant la nouvelle construction n'avait pas lieu d'être envisagé. Ce projet illustre le potentiel d'enrichissement du programme que représente la contrainte de composer avec un édifice existant, caractéristique de toute opération d'extension.
Architecte : Frédérique Pyra-Legon. Construction d'origine : 1950. Surface existante réhabilitée : 100 m². Surface créée : 80 m². Montant des travaux hors piscine : 322 428 € TTC (hors honoraires, forfaitisés). Prix/m² : 1 791 € TTC (réhabilitation + extension). Localisation : Var. Livraison : novembre 2007.

Le hall d'entrée. Profond de 2 m, cet espace assure une fonction d'espace intermédiaire tampon protégeant la nouvelle construction de la rue.

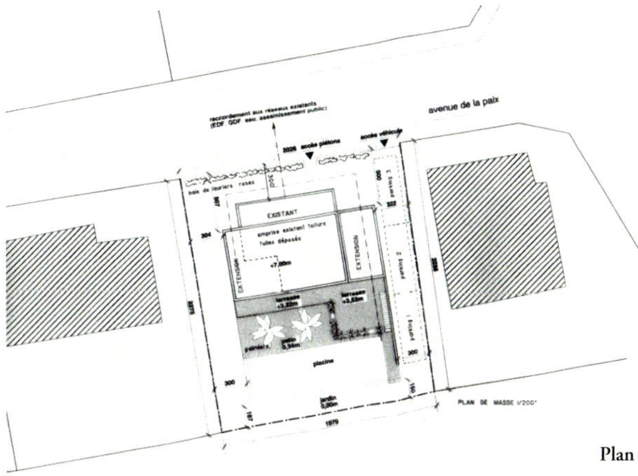

Plan de masse

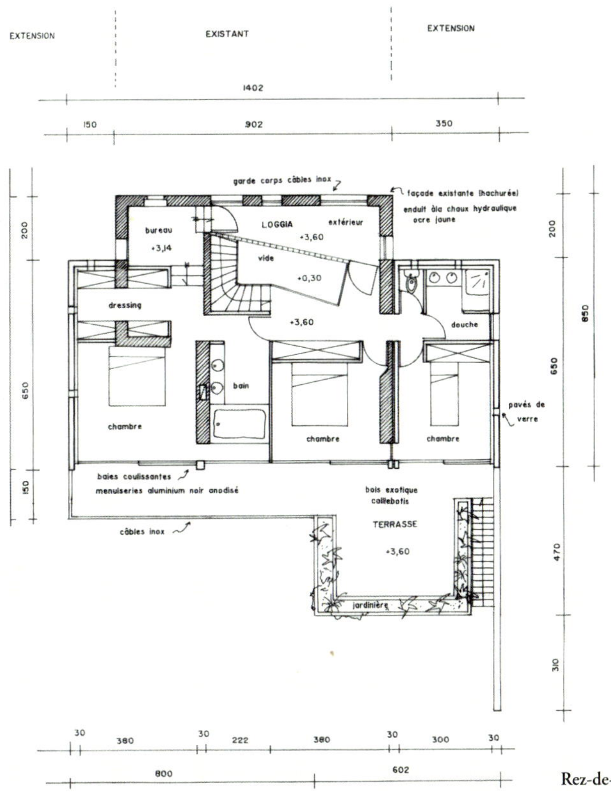

Rez-de-chaussée

Surélévation grutée

DATOO ARCHITECTURE

Guy et sa compagne projettent de surélever leur maison d'environ 1,20 m afin de rendre ses combles habitables. Leur intention ? Affecter cette surface jusqu'alors utilisée en grenier à la chambre de leur fille. Maud, 8 ans, bénéficie déjà de son propre espace, mais cette pièce installée à l'étage est minuscule et non indépendante car desservie par la chambre parentale. Située dans un quartier populaire de la proche banlieue parisienne, l'habitation, à l'origine un modeste pavillon en cœur d'îlot, a déjà fait l'objet de plusieurs extensions. En raison de ses dimensions restreintes (deux niveaux d'une trentaine de mètres carrés), le bâtiment existant érigé sur un jardin de 450 m² a vu son rez-de-chaussée croître d'une véranda sur chacune de ses trois façades. Elles abritent respectivement une entrée au sud, un salon à l'ouest et une salle à manger au nord.

Quelques années plus tard, lorsque la surélévation est envisagée, la prolifération de ces greffes en périphérie du bâtiment vient contrarier le projet du couple. Résolu à réaliser les travaux lui-même pour respecter son budget des plus limités (15 000 €), Guy est surpris par la somme que lui demande l'entreprise consultée pour monter l'échafaudage dont il a besoin… Il va alors prendre conseil auprès de ses voisins d'en face, les architectes Marie Coupé et Guillaume Richard : « Où trouver un échafaudeur meilleur marché ? » « Nulle part ! » lui répondent-ils après analyse du devis. Compte tenu de l'emprise des vérandas sur les façades, la maison est complexe à échafauder : l'estimation est bien au juste prix. En revanche, les architectes lui indiquent que la solution la plus économique dans cette configuration consisterait probablement à construire l'extension dans le jardin, puis à la gruter sur le pavillon.

Guy retient l'idée et c'est finalement sur la conception d'un tel principe qu'il interroge ses voisins. Procéder ainsi permet d'économiser d'emblée plus de 7 000 € puisque la location du camion-grue nécessaire n'excède pas 800 € la demi-journée, durée largement suffisante pour hisser l'ouvrage en lieu et place du toit et de sa charpente. « Les caractéristiques du projet se déduisent des impératifs de l'autoconstruction », soulignent les architectes, qui ont opté pour une structure métallique et élaboré un plan technique le plus simple possible.

Façade sud de nuit : les qualités optiques du méthacrylate transfigurent la surélévation en boîte à lumière dont l'aspect ludique est renforcé par sa forme ogivale. Cette double paroi est complétée d'un isolant translucide. Le méthacrylate est un polymère qui conjugue légèreté et résistance aux chocs avec une bonne tenue au vieillissement.

Ci-dessus : *la stratégie de kit mise en place par les architectes a préconisé la construction de l'extension dans le jardin. Celle-ci s'est déroulée sur deux mois offrant au maître d'ouvrage comme au couvreur un chantier abrité, sécurisé et pratique. La surélévation, 3,5 t, est grutée à 8 mètres de haut puis positionnée sur son assise définitive, un chaînage béton couronnant le bâtiment existant débarrassé de sa toiture. Le maître d'ouvrage a fait ses comptes, l'extension – 8 m x 5 m x H 3,50 m – est assemblé par 6650 vis, rondelles, boulons et entretoises.*

Au centre : *le projet avant travaux : une bâtisse des années 1920 augmentée de vérandas et surmontée d'une toiture en tuiles à deux pans créant des combles non habitables en raison de leur faible hauteur.*

Ci-contre : *la façade nord : structure métallique et 13 châssis bois à double vitrage.*

Page de droite : *illuminée, la façade nord de nuit révèle la coupe du bâtiment.*

D'assemblage aisé par boulonnage, les éléments structurels sont dimensionnés pour être manipulés par un seul homme sans engin de levage. Afin d'éviter la spécificité bien connue des chantiers en autoconstruction – des finitions négligées, reportées à « plus tard », et finalement jamais effectuées –, le mode de montage préconisé procède chronologiquement de l'intérieur vers l'extérieur. Une fois la structure assemblée, la construction s'est donc poursuivie par l'installation des parements intérieurs, par un bardage de planches brutes lasurées blanc, puis par la réalisation de l'ossature bois secondaire et enfin par la pose de la toiture en zinc, cette dernière étape étant confiée à un professionnel.

Au terme de deux mois de chantier, l'ouvrage était achevé. C'est alors que la toiture et la charpente du bâtiment existant ont été démolies et ses pignons arasés pour obtenir le plan horizontal souhaité. Le lendemain, le camion-grue était en place ; une fois les réglages préliminaires effectués, le grutage proprement dit s'est déroulé en moins de quinze minutes. La surélévation repose sur un chaînage béton et les finitions restantes se résument à la pose du plancher, à l'installation du vitrage et au raccordement des radiateurs au réseau de l'habitation. L'aspect formel de l'extension procède de la nécessité de résister à la forte traction exercée par le grutage. « Nous sommes partis sur une base de triangle que nous avons fait évoluer en cintrant les arceaux. Les anneaux de levage étaient solidaires de la structure métallique. L'ensemble fonctionne comme un gros toit. » Entièrement ouverte sur ses façades, l'extension est vitrée au nord par un double vitrage à isolation renforcée et parée de méthacrylate au sud. Cette ouverture donnant sur un fonds voisin, le règlement en vigueur n'autorisait aucune vue directe. Composé de deux panneaux de méthacrylate dans une finition dépolie et une teinte orangée, cette façade respectant le principe du jour de souffrance est isolée de plusieurs couches de plastique bulle afin de préserver les propriétés translucides du matériau. Le coloris choisi est rompu par un oculus opalescent prévu pour éclairer efficacement une future mezzanine.

La surélévation créée définit une surface de 40 m^2 et un volume généreux laissé toute hauteur (3,50 m au faîtage). Plus que confortable pour une chambre-salle de jeux, cette pièce non cloisonnée profite de sa double exposition lui procurant un éclairage naturel exceptionnel et complémentaire, diffus et mis en scène par l'orangé du matériau côté sud, direct et frontal côté nord, orientation qui bénéficie de surcroît d'une vue plein ciel à hauteur de la cime des arbres… Du grand luxe obtenu avec une réelle économie de moyens.

Page suivante, à gauche : *vue intérieure dans l'axe sud. Le plan d'occupation des sols imposait une façade aveugle sur cette orientation. Pour exploiter la lumière, les architectes ont proposé une façade translucide respectant l'interdiction de créer une vue directe sur le terrain mitoyen.*

Page suivante, à droite : *discrète de jour, la façade sud apparaît pratiquement ton sur ton avec le crépi rouge du bâtiment.*

Page suivante, en bas : *un cadre d'acier et des arceaux cintrés composent la structure de la construction, l'ossature secondaire en bois reçoit un toit en zinc et un bardage intérieur en planches brutes de sciage lasurées blanc.*

Ci-dessous : *vue intérieure dans l'axe nord. Entièrement vitrée, la façade nord procure une vue dégagée très arborée, assez rare pour une banlieue où le bâti est dense. Haute et bombée, la toiture offre à la pièce une habitabilité importante autorisant la réalisation d'une mezzanine de belles dimensions.*

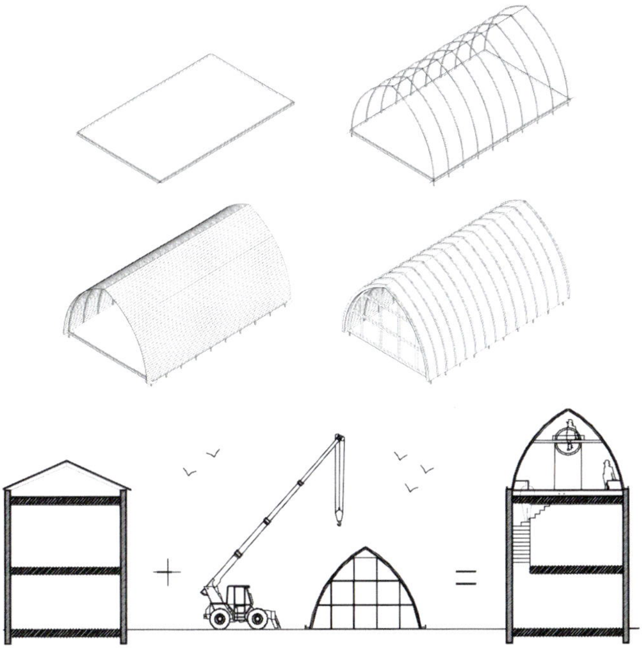

Principe constructif

DESCRIPTIF

- Architectes : Datoo Architecture - Marie Coupé & Guillaume Richard
- Construction d'origine : 1920
- Surface de l'extension : 40 m^2
- Coût de l'extension : 18 982 € TTC, valeur 2002 (hors honoraires, 15 % du montant des travaux HT) + autoconstruction étalée sur deux mois
- Prix au m^2 : 474 € TTC (TVA à 19,6 %)
- Chauffage : gaz par radiateurs en plinthes
- Matériaux utilisés : bois et métal (structure), zinc (couverture), isolant mince, vitrage à isolation renforcée par lame d'argon, méthacrylate orange (remplissage façade sud), planches brutes lasurées blanc (revêtement intérieur), sol parquet
- Durée des études : 3 mois
- Durée du chantier : 2 mois
- Localisation : Seine-Saint-Denis (93)
- Livraison : 2002

- Chantier réalisé en autoconstruction sauf :
- Couverture : 5 000 € HT
- Matériaux : 10 072 € HT
- Grutage [Fal Industrie] : 800 € HT

- Total HT : 15 872 €
- TVA 19,6 % : 3 110 €
- Total TTC : 18 982 €

HLM revisitée

CÉCILE GAUDOIN
ASSISTÉE D'ALEXANDRE FAVÉ

Aux environs de Vitré, un lotissement communal locatif de type HLM composé de onze pavillons identiques érigés autour d'une vaste cour en impasse. Marie-Laure et Dominique s'y plaisent énormément : le bourg est proche et le voisinage agréable, « des générations variées qui s'entendent et s'entraident ». C'est la raison pour laquelle le couple propose à la municipalité d'acquérir la maison qu'ils occupent, ce qui leur est accordé à un prix très abordable. C'était en 2000 et ils n'ont cessé depuis de faire des travaux par eux-mêmes afin de modifier radicalement un plan qu'ils estimaient trop conventionnel. C'est ainsi qu'au rez-de-chaussée, qui comprend un hall d'entrée distribuant un séjour et une cuisine séparée, toutes les cloisons sont démolies en famille, y compris celle du garage accolé. Résultat ? Une pièce de vie avec cuisine ouverte en L sur l'emprise de la moitié du garage : 43 m² d'un seul tenant contre 26 m² pour le séjour initial.

Cette entreprise d'appropriation d'un pavillon traditionnel leur permet de respirer un moment, mais la naissance d'un deuxième enfant les pousse à s'étendre davantage. « On reçoit simplement mais énormément, remarque le couple. Il y a toujours des amis autour de la table, on adore ça. Néanmoins, avec les enfants des uns et des autres, ça tournait souvent au bazar : on avait envie d'une pièce qui leur soit destinée, mais aussi d'une chambre d'amis, ce qui supposait la création d'une nouvelle chambre, la nôtre, que nous souhaitions un peu à l'écart de l'espace nuit des enfants, au calme ! » Ils projettent donc une extension, commencent à faire des croquis puis rencontrent Cécile Gaudoin par des amis d'amis. « Sans ce hasard, nous n'aurions jamais envisagé de faire appel à un architecte, soulignent-ils. En comparaison de nos premiers dessins reprenant la toiture à deux pans de la maison, le projet qu'elle nous a présenté nous procurait un volume d'une tout autre ampleur ; on était conquis ! »

Tel qu'il est implanté sur sa parcelle de 213 m², le pavillon est orienté sud sur la cour en impasse et nord sur le jardin, un espace sous-exploité car bruyant, dominant une rocade où la circulation automobile est

L'extension qui définit un volume de 6,20 m x 7,20 m x H 6,10 m au faîtage de sa toiture monopente est implantée au nord, côté jardin, un espace extérieur peu utilisé car bruyant, dominant une rocade fréquentée. Pour limiter les nuisances sonores, la couverture est réalisée en panneaux sandwich constitués d'une âme isolante en 100 mm prise entre deux parements métalliques. Elle est doublée d'une isolation intérieure supplémentaire de 200 mm de laine de roche et d'une finition en plaques de plâtre.

© Arnaud Terrier

© Arnaud Terrier

A gauche : *le projet avant travaux, sa façade nord sur jardin vue depuis la rocade. Le plan d'origine de ce pavillon T3 sous toiture à deux pans et garage accolé comprend un hall d'entrée desservant un séjour et une cuisine séparée en rez-de-chaussée, deux chambres et une salle de bains à l'étage. Surface : 68 m².*

Ci-contre : *angle nord-ouest. La nouvelle construction est opaque au nord côté rocade.*

© Arnaud Terrier

Ci-dessus et page suivante : *l'espace de jeux est laissé double hauteur, sa poutre béton devient support de la balançoire. Le décaissement permet de délimiter nettement cette partie de la pièce et de préserver ainsi l'espace de circulation du bric-à-brac des enfants.*

dense. C'est donc sur ce jardin délaissé que sera implantée l'extension en limites nord et est de propriété. Afin de protéger l'habitation de cet environnement rude, le principe constructif adopté utilise le parpaing de béton plein « pour créer de la masse et réduire les nuisances sonores », indique l'architecte. Quasi opaque sur ses flancs nord et est, la nouvelle construction est en revanche largement ouverte sur l'ouest par une baie double hauteur épousant la pente de toiture.

Au rez-de-chaussée, la surface créée est scindée en deux parties distinctes : une terrasse intérieure longeant la grande baie ouest et distribuant la salle de jeux des enfants puis l'escalier menant à la chambre parentale de l'étage et, côté nord, accessible exclusivement par l'extérieur, un atelier-abri à vélos qui remplace le cabanon de jardin supprimé. Pour éviter les coûts de terrassement, l'architecte met à profit le dénivelé du terrain, celui-ci formant un décaissement qui définit l'espace des enfants. Il fonctionne comme un grand bac à jeux, un procédé qui offre deux avantages : lui conférer l'aspect ludique d'une « fosse », une caverne d'Ali Baba dans laquelle ils peuvent sauter et délimiter nettement cet espace afin de contenir le capharnaüm des enfants et bénéficier ainsi d'une circulation fluide. Ce niveau partiellement toute hauteur et largement ouvert à l'ouest reçoit également la lumière du sud via une baie horizontale à soufflet. Quant à la chambre du couple installée à l'étage, elle optimise le volume construit par un porte-à-faux partiel créant un palier équipé.

Cumulée aux travaux réalisés antérieurement par le couple, l'intervention double pratiquement la surface habitable du pavillon existant, un T 3 qui passe ainsi de 68 m² à 110 m². Outre le nouvel espace attribué aux enfants, prévu pour devenir plus tard un coin bibliothèque-salon télé, l'habitation qui disposait de deux chambres en compte désormais

© Arnaud Terrier

© Arnaud Terrier

quatre, la chambre d'amis souhaitée ayant été aménagée dans les combles du garage. Le changement obtenu ? « Impressionnant », estiment Marie-Laure et Dominique qui ont effectué eux-mêmes une part très importante des travaux : doublage intérieur et menuiserie, plomberie, électricité et peintures. « L'opération répond parfaitement à nos attentes, une cohabitation harmonieuse parents-enfants ; les dîners entre amis n'en sont que plus agréables. » Et à peine l'extension était-elle achevée que le couple entreprenait la création d'un jardin d'hiver sur la façade sud, pour bricoler, prendre l'apéritif et les repas durant les beaux jours, un espace couvert, « précaution indispensable en Bretagne ! ». L'hybridation du pavillon suit son cours.

Ci-dessus : *la liaison avec le pavillon s'effectue au rez-de-chaussée par la baie sud existante ouvrant à l'origine sur le jardin.*

La baie double hauteur (4,30 m x 3 m) est implantée ouest, perpendiculaire à la chaussée située en contrebas afin de réduire les nuisances sonores. Elle est équipée d'un double vitrage à isolation phonique renforcée.

© Arnaud Terrier

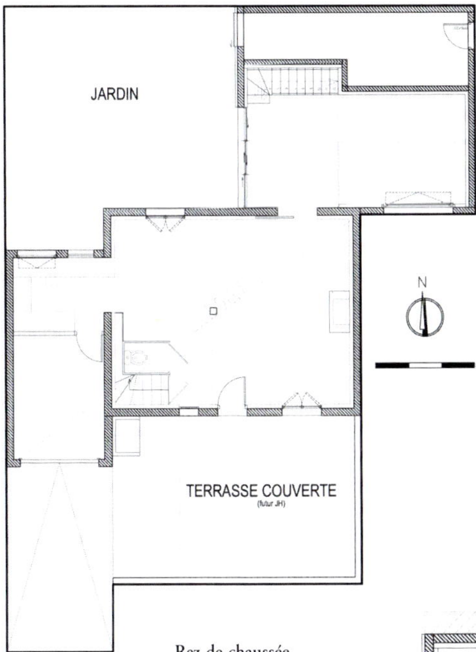

Rez-de-chaussée

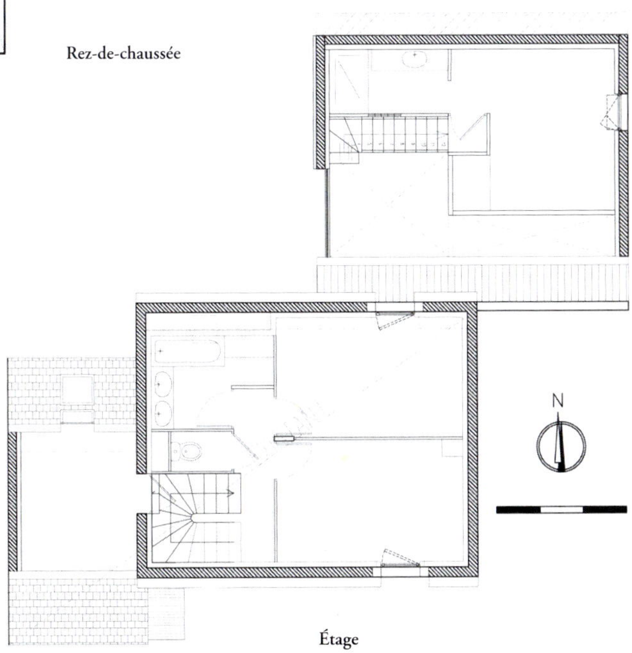

Étage

DESCRIPTIF

- Architectes : Cécile Gaudoin assistée d'Alexandre Favé
- Construction d'origine : 1989
- Surface existante : 70 m²
- Surface de l'extension : 55,50 m² (atelier compris)
- Coût de l'extension : 29 361 € TTC (TVA à 19,60 %)
- Prix au m² de l'extension : 533 € TTC
+ autoconstruction étalée sur plusieurs mois
- Chauffage : soufflage air chaud depuis cheminée fermée + complément électrique
- Matériaux utilisés : béton (dallage, poteaux et poutrelles préfabriquées), parpaings ciment pleins (murs extérieurs), lames sapin traité à cœur (bardage), plaques de plâtre (cloisons et faux plafond), menuiseries extérieures aluminium thermolaqué en double vitrage acoustique, toiture bac sandwich
- Durée des études : 4 mois
- Durée du chantier : 4 mois
- Localisation : Ille-et-Vilaine (35)
- Livraison : 2006

- Lot 01 : gros œuvre
[Société Barbot] 10 433 € TTC
- Lot 02 : charpente
[Eurl Guilloux Gaëtan] 6 827 € TTC
- Lot 03 : couverture
[Sarl Leduby] 3 576 € TTC
- Lot 04 : menuiserie aluminium
[Sarl Poupin] 4 541 € TTC
- Lot 05 : plâtrerie, isolation
Fournitures 3 800 € TTC
- Lot 06 : menuiserie bois, parquet
Fournitures 1 100 € TTC
- Lot 07 : plomberie, sanitaires
Fournitures 800 € TTC
- Lot 08 : électricité
Fournitures 600 € TTC
- Lot 09 : chauffage
Fournitures 150 € TTC
- Lot 10 : sols scellés, faïence
Fournitures 460 € TTC
- Lot 11 : sols souples
Fournitures 20 € TTC
- Lot 12 : escalier
Fournitures 150 € TTC
- Lot 13 : peintures
Fournitures 700 € TTC

- Total HT : 24 550 €
- TVA 19,6 % : 4 811 €
- Total TTC : 29 361 € TTC

« La véranda »

SYLVAIN GASTÉ / ALTER SMITH

Une salle à manger avec cuisine ouverte » : telle est la demande formulée à l'architecte Sylvain Gasté. Mais la maison de la fin du XIXe siècle acquise par Claudie et Christophe présente la particularité d'un jardin principal orienté nord. Et l'habitation, dont les pièces sont essentiellement orientées au sud sur un jardin plus modeste en front de rue, n'en profite pas. Depuis le séjour, son accès est d'ailleurs assez laborieux : on le rejoint en traversant la cuisine, une petite pièce toute en longueur qui s'ouvre sur un appentis communiquant avec l'extérieur. C'est donc peu dire que la relation du bâtiment avec son espace extérieur est incommode. Or, au cœur de ce bourg charmant des bords de Loire aux environs d'Angers, le grand jardin abrité et planté, composé de la réunion de deux parcelles, constitue l'attrait majeur de l'habitation. En raison de ces caractéristiques, l'intervention de l'architecte dépasse la simple création d'une surface supplémentaire.

Deux objectifs guident le projet : « ouvrir la maison sur son jardin nord et bâtir de manière à récupérer la lumière du sud ». Pour obtenir le résultat souhaité, l'extension est décollée de la façade nord au niveau de la cuisine par un espace de circulation généreusement dimensionné (2,50 m x 2 m de large) afin d'instaurer une transition fluide entre les deux bâtiments en ménageant des transparences. Ce type de liaison qui installe l'extension à distance de l'existant permet de construire la pièce supplémentaire « dans le jardin ».

Bien que baptisé « la véranda » par les maîtres d'ouvrage, le bâtiment n'adopte donc pas l'implantation caractérisant ce type d'ouvrage. « La véranda fabrique une pièce lumineuse, mais son mode d'implantation accolée ajoutant une épaisseur à l'habitation génère le plus souvent dans l'existant une pièce qui ne reçoit plus la lumière qu'en second jour, perdant alors en qualité. C'est exactement ce qu'on désirait éviter ici dans la mesure où l'espace intérieur d'origine était déjà relativement sombre. Par ailleurs, il n'était pas économiquement pertinent d'intervenir sur la structure de la maison ; or une approche de vérandaliste aurait probablement consisté à ouvrir davantage le mur existant, ce qui dans cette paroi en pierres traversée par un élément de charpente ancien était assez délicat. »

Opaque en limite de propriété à l'est, l'extension est vitrée sur ses trois orientations. La baie nord à trois vantaux permet d'ouvrir cette façade sur 4,50 m.

Ci-dessus : *La façade nord du projet avant travaux. La maison du XIXe siècle a connu plusieurs modifications au cours du temps dont deux extensions latérales. Pour autant, elle demeure fermée sur son jardin, sa façade est basse, ses ouvertures peu généreuses. Côté ouest (à l'extrême gauche), l'appentis vitré prolongeant la cuisine engendre un sas nuisible à une relation fluide avec l'espace extérieur.*

Le volume bâti, un parallélépipède de 6,75 m x 5 m, est implanté en limite est de propriété, adossé au mur de pierres mitoyen. Opaque sur cette face, il est en revanche entièrement vitré sur ses trois autres orientations au nord vers la plus grande dimension du jardin, à l'ouest sur l'ancienne terrasse et son puits, et au midi face à la maison. Le choix de la toiture monopente orientée nord permet d'édifier la plus haute façade sud possible. Associé à un vitrage toute hauteur, le dispositif favorise une captation des rayons du soleil au plus tôt, dès qu'ils ont franchi le volume du bâtiment existant. Procéder ainsi génère également un petit patio, espace intermédiaire couvert mais non clos entre les deux bâtiments, une zone abritée : pour stocker du bois, faire hiverner les plantes, lire ou bricoler… Ce patio fonctionne comme une marquise, protégeant l'entrée nord de la maison aménagée ici.

Le choix constructif, une structure bois poteaux-poutres, s'est imposé naturellement, indique l'architecte qui a fait appel à une entreprise de charpente agricole avec laquelle il avait travaillé auparavant. « Outre l'aspect économique de cette structure préfabriquée en atelier, le bois semblait mieux correspondre au contexte d'une salle à manger-cuisine dans le jardin en ce sens qu'elle est immédiatement appropriable : on peut y planter un clou, visser et accrocher aisément tout ce qu'on veut, des luminaires, un hamac… De plus, le remplissage entre les éléments de structure étant essentiellement du vitrage, donc dépourvu de doublage, la gestion des ponts thermiques ne se posait pas. »

L'extension est décollée de la façade nord de l'habitation par un espace de circulation (2,58 m x 2,10 m) assurant la liaison avec la nouvelle construction. La façade ouest l'extension longe le puits existant. Orientée nord, la toiture monopente crée une importante façade sud (3,50 m). Afin d'obtenir un ensoleillement maximal, la structure bois du bâtiment est entièrement vitrée en partie haute au sud, comme à l'ouest.

Afin de respecter le budget imparti, la question du vitrage a fait l'objet d'un arbitrage. « Plutôt que d'installer un produit haute performance plus coûteux, ce qui supposait alors d'envisager des parois opaques, nous avons privilégié le vitrage complet de la structure, autrement dit nous avons souhaité favoriser radicalement le confort visuel plutôt qu'une thermie optimale, bien qu'en hiver ou à la mi-saison cet espace vitré joue pleinement son rôle de zone tampon en profitant des apports passifs du soleil. » Ce parti pris de transparence sur l'extérieur se traduit par l'usage systématique de baies coulissantes sur les trois faces de l'extension, offrant ainsi la possibilité d'une ouverture quasi totale de la pièce sur son jardin avec lequel elle entretient un rapport immédiat. Une option que les maîtres d'ouvrage ne regrettent pas, y compris l'hiver, la pièce étant équipée d'un poêle à bois qui chauffe rapidement le volume.

A l'usage, « la véranda » s'est imposée comme le cœur de l'habitation, la pièce principale, où la famille vit au quotidien et reçoit ses amis tandis que l'ancien séjour se trouve relégué au rang de salon plus intime avec coin télé. Quant à la petite cuisine d'origine, sombre, elle profite désormais largement de la lumière provenant de la liaison et du patio ; elle est affectée à un espace bureau. En dépit de la surface relativement modeste créée, 35 m^2, l'intervention a bien bouleversé le fonctionnement de la maison en l'orientant sur son terrain. L'objectif initial est atteint.

Ci-dessus, à gauche : *l'extension dans son axe nord depuis la liaison avec le bâtiment existant ; à droite, l'extension dans son axe sud depuis la cuisine : on mesure bien ici l'apport de lumière procuré par le vitrage partiel de liaison en toiture et le vitrage haut de la façade sud.*

En bas, à gauche : *coiffé de panneaux de polycarbonate ondulé, le patio laisse circuler la lumière. Cet espace offrant un seuil couvert à l'extension est utilisé pour le stockage du bois et celui des plantes. Il communique avec l'extension par deux baies coulissantes, au sud côté extension, à l'ouest afin de desservir la liaison avec le bâtiment existant.*

Ci-contre : *ouverte la baie vitrée toute hauteur et toute largeur de la façade nord annexe le jardin à l'extension.*

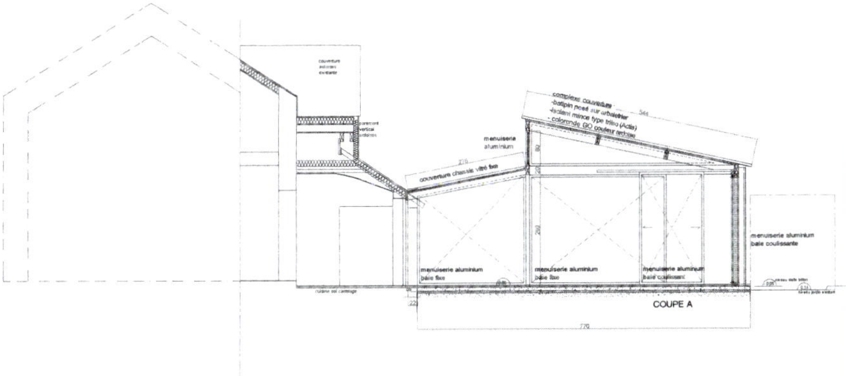

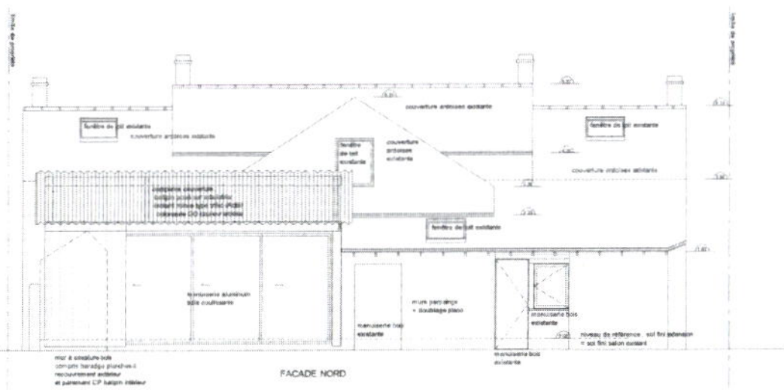

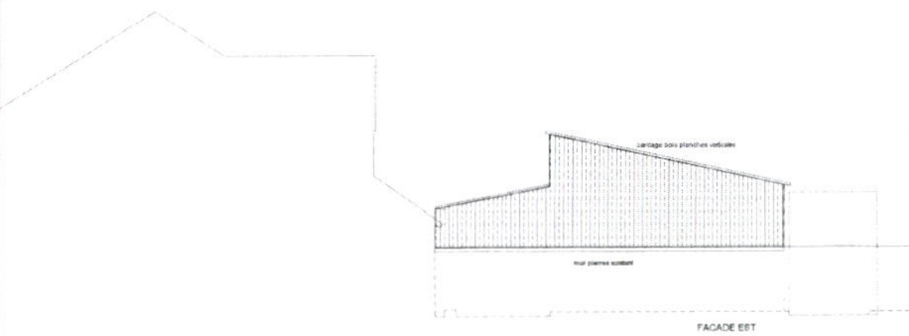

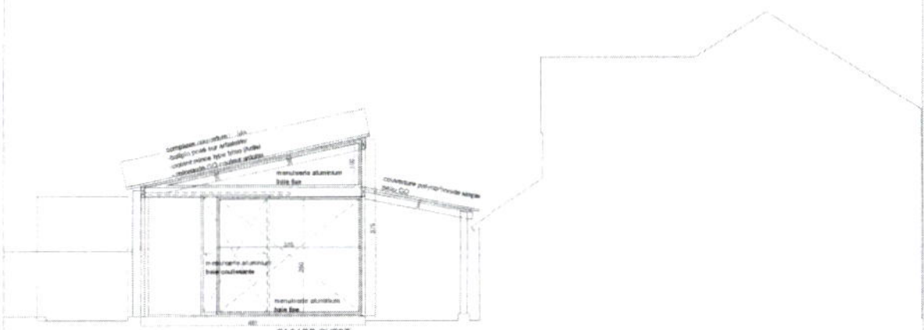

DESCRIPTIF

- Architecte : Sylvain Gasté - Alter Smith
- Construction d'origine : fin XIXe siècle
- Surface de l'extension : 55 m² (y compris la zone d'entrée)
- Coût de l'extension : 36 530 € TTC (hors honoraires, 10 % du montant des travaux HT)
- Prix au m² : 664 € TTC
- Chauffage : poêle à bois + radiateur électrique d'appoint
- Matériaux utilisés : béton (dallage, fondations), bois Kerto (structure), sapin du Nord (bardage), chêne huilé (parquet flottant), contreplaqué (doublage et plafond), menuiseries extérieures aluminium anodisé vitrage 4/16/4, fibres-ciment (couverture)
- Durée des études : 6 mois
- Durée du chantier : 3 mois
- Localisation : Maine-et-Loire (49)
- Livraison : 2006

- Lot 01 : gros œuvre
[Entreprise Christophe Hervé] 5 532 € HT
- Lot 02 : structure, bardage, doublage, couverture, isolation
[Entreprise Constructions Trillot] 7 776 € HT
- Lot 03 : menuiserie aluminium
[Entreprise Atlantic Alu] 11 571 € HT
- Lot 04 : parquet
[Entreprise D et B] 4 841 € HT
- Lot 05 : plomberie
[Entreprise Courteille] : 822 € HT

- Total HT : 30 543 €
- TVA 19,6 % : 5 986 €
- Total TTC : 36 530 €

- Non compris dans les marchés : l'électricité, les peintures, l'aménagement de la cuisine

Alternative textile

FRANKLIN AZZI

Erigé à flanc de falaise aux environs d'Etretat, le bâtiment qui domine la vallée bénéficie d'un panorama à couper le souffle. Il surplombe le village d'Yport et profite de vues lointaines sur la plage et la côte sans le moindre obstacle sur plus de 180°. Monsieur W. tombe amoureux du site et achète immédiatement. A la réflexion, il se demande néanmoins comment mener son projet à bien : créer ici sa résidence secondaire. Car s'il a en effet acquis un terrain magnifiquement placé, plus il observe l'édifice implanté sur la parcelle, plus il est dubitatif. Ce relais de chasse en ruine du siècle dernier définit une surface au sol de 18 m² et un grenier inhabitable… Quant au règlement d'urbanisme, il n'autorise aucune construction sinon un agrandissement de l'existant dans la limite de 20 m² maximum de surface hors œuvre brute (SHOB). 18 m² + 20 m², telle serait donc a priori la surface potentielle de la future villégiature, soit moins de 40 m² pour une famille avec deux enfants.

« Que faire de ce bâtiment ? » : voici, en résumé, la question posée à l'architecte. Après étude du site et des obligations d'urbanisme, celui-ci suggère d'imaginer une extension au maximum légal puis la conception d'ajouts modulables composés de structures textiles démontables et par conséquent non concernés par la réglementation. Sa stratégie d'appropriation du lieu se fonde d'abord sur une réhabilitation respectueuse de l'intégrité de l'existant. Soucieux de créer de la surface habitable tout en respectant la hauteur et la pente de toiture imposées, le projet s'efforce centimètre par centimètre d'obtenir le plus grand volume possible à l'étage. C'est ainsi que la façade est imperceptiblement rehaussée de deux rangées de briques et que l'implantation d'origine du plancher se voit légèrement surbaissée. Associé au choix d'une dalle béton moins épaisse qu'un solivage bois traditionnel, le procédé augmente de quelques mètres cubes l'espace sous combles. Résultat ? 8 m² bénéficiant d'une hauteur sous plafond supérieure à 1,80 m sont conquis sur les 18 m² du plateau du grenier.

L'extension proprement dite adopte un mode de croissance formant un arrière-corps face au flanc de la falaise afin de rester invisible depuis la voie publique. Mais autant la

Restreinte par le plan local d'urbanisme, l'intervention s'articule sur l'érection d'un arrière-corps double hauteur au maximum de la limite autorisée et la création de deux pergolas latérales en bois, supports d'extensions textiles temporaires non concernées par le règlement en vigueur.

Ci-contre : *le projet avant et pendant les travaux : un refuge de chasse en ruine définissant une surface de 18 m² au sol.*

Ci-dessous : *en briques et moellons de silex, le bâtiment orienté sud-ouest sur sa façade principale est percé symétriquement sur ses flancs par une baie toute hauteur en rez-de-chaussée et une porte-fenêtre à l'étage.*

Ci-dessus : *façade nord-est. L'extension en ossature-bois : ce volume très homogène par son bardage bois en parois verticales et toiture abrite la cuisine en rez-de-chaussée et la salle de bains à l'étage.*

A gauche : *façade sud-est. Au premier plan, le cabanon existant a été reconstruit, il abrite des toilettes et une douche intérieure et extérieure.* A droite : *façade nord-ouest de l'extension. On distingue ici le local technique creusé à flanc de falaise. Il regroupe entre autres la chaudière et le ballon d'eau chaude, la pompe du forage, le compteur électrique et l'abri de jardin.*

A gauche : *la chambre de l'étage dans le bâtiment ancien.*

Ci-contre et ci-dessus : *la salle de bains en contreplaqué marine teinté et la cuisine largement ouverte sur l'extérieur.*

En bas : *vue traversante sur la salle de bains. Toutes les pièces de l'habitation bénéficient d'une triple ou quadruple orientation.*

réhabilitation est fidèle à l'existant, autant la nouvelle construction s'en démarque délibérément, par conviction comme par nécessité. Isolé et dépourvu de chemin d'accès, le terrain est en effet difficilement accessible : les matériaux devront donc être acheminés à bras d'homme, d'où le choix de la légèreté : une structure bois fabriquée en atelier et acheminée pièce par pièce sur le site. Conformément au règlement, la volumétrie du bâtiment reprend la toiture à deux pans prescrite, mais celle-ci est bardée de bois. Si, comme exigé, l'étanchéité de l'habitation est bien assurée par de l'ardoise, cette couverture reçoit une peau supplémentaire de clins posés à claire-voie. En procédant de la sorte, l'architecte dissimule toute la quincaillerie d'évacuation des eaux pluviales, gouttières, tubes de descente et colliers, pour obtenir un volume homogène, monolithique, une épure de la maison traditionnelle.

A ce stade du projet, l'extension qui définit un parallélépipède double hauteur de 2,75 m x 3,40 m a créé deux niveaux d'environ 6,50 m² utiles abritant les pièces d'eau – la cuisine au rez-de-chaussée, la salle de bains à l'étage. Si elle génère bien un logement confortable, l'intervention ne résout pas son échelle de maison de poupées peu conciliable avec une occupation familiale, fût-elle temporaire. La solution proposée, des extensions provisoires complémentaires, se fonde sur la réalisation de deux pergolas latérales produisant chacune une surface abritée de 17 m² en rez-de-chaussée et terrasse à l'étage. Au niveau inférieur, cette structure bois est prévue pour être close si besoin par une toile de type camouflage afin de s'insérer au mieux dans le site. Après étude de nombreux échantillons, c'est le modèle utilisé par l'armée cubaine qui sera choisi, son dosage de nuances marron et vertes étant le mieux adapté à la végétation des alentours. Au niveau bas, le procédé d'assemblage de la toile adoptée est un transfert des dispositifs qu'appliquent les storistes pour les terrasses abritées des cafés-restaurants. Il procure une modularité efficace par enroulement de la toile et un système de fixation étanche et performant par œillets et papillons. Quant aux niveaux supérieurs, ils sont percés pour recevoir chacun la structure métallique d'une tente de l'armée française, « le modèle TM 36 destiné aux officiers », précise Franklin Azzi. Sans affectation particulière, ces extensions textiles créent le potentiel qui manquait au pavillon de chasse : quatre plateaux supplémentaires de 17 m² composant, au choix, des chambres ou des salons d'été, le luxe d'espace souhaité.

Modulable et ludique, ce mode de croissance alternatif s'efforce aussi de sacrifier le moins possible au confort attendu, y compris durant les saisons intermédiaires. C'est la raison pour laquelle la dalle du rez-de-chaussée, prolongée sur l'emprise des pergolas, est équipée d'un plancher chauffant et de prises de courant d'extérieur. Non reliée aux réseaux à la demande du maître d'ouvrage, la maison est autonome. L'eau provient d'un forage effectué sur le site et l'électricité est assurée par un système mixte qui associe panneaux solaires et géothermie. Menant à terme la réflexion sur l'autonomie du bâtiment et le respect dû à la nappe phréatique où elle puise, l'habitation est également pourvue d'un système de récupération des eaux de pluies et d'un triple réseau d'eau distinguant les eaux pures destinées à la consommation alimentaire, les eaux pluviales dites « grises » pour les chasses d'eau et la machine à laver, et les eaux noires traitées par une fosse septique.

Conciliant étroitement durable et temporaire, technologie et simplicité, dans un budget somme toute réduit compte tenu de la grande difficulté d'accès au site et des prestations (hydroforage à 80 m de profondeur, récupération des eaux pluviales, installation solaire et géothermique), l'intervention est remarquable par sa gestion des contraintes et la cohérence de sa logique. L'ensemble des dispositifs mis en œuvre concourt efficacement en effet à valider les objectifs fixés pour adapter le refuge en ruine à sa nouvelle destination : obtenir toutes les qualités attendues d'une résidence secondaire, avec un bâtiment ouvert sur l'extérieur, suffisamment spacieux pour loger les enfants et héberger les amis des uns et des autres, assez confortable aussi pour y séjourner le week-end aux intersaisons ; et simultanément respecter la bâtisse existante, se conformer aux obligations administratives puis, au-delà, adopter une exigence environnementale appropriée – sans renier l'essentiel, offrir aux occupants bien davantage qu'une maison, mais l'entièreté d'un paysage à habiter.

Le séjour. Au rez-de-chaussée comme à l'étage, les percements symétriques créés en pignons produisent des vues traversantes.

1

2

3

Simulations 3 D des diverses évolutions possibles du projet. On aperçoit (ci-dessous) l'emplacement des panneaux solaires. La prochaine phase de travaux porte aussi sur la réalisation d'un volume enterré à flanc de falaise en contrebas de la façade principale, un blockhaus de béton entièrement vitré sur la vue abritant une chambre-bureau.

4

DESCRIPTIF

- Architecte : Franklin Azzi
- Construction d'origine : environ 1900
- Surface existante : 18 m² en rez-de-chaussée
- Surface de l'extension : 13 m² (extension bois rez-de-chaussée et R + 1) + 8 m² (combles) + 34 m² (pergola) + 120 m² (terrasse)
- Coût total (réhabilitation de l'existant + extension) : 162 647 € TTC (hors honoraires, 14 % du montant des travaux HT)
- Coût de la réhabilitation de l'existant : 125 344 € TTC (TVA à 5,50 %)
- Coût de l'extension : 37 303 € TTC (TVA à 19,60 %)
- Prix au m² : 9 035 € TTC (existant)*, 678 € TTC (extension, dont pergolas latérales)
- Chauffage : géothermique et solaire (en cours d'installation)
- Matériaux utilisés : ossature bois de résineux traité (Douglas), dalle béton armé en plafond, isolant réflectif Actis et laine de roche, bardage de cèdre rouge lames inversées et délignées, pointes crantées inox, toiture ardoises 32/22 Espagne crochet inox Teintinox noirs, chéneaux encaissés zinc, couverture sur ardoises en bardage de cèdre rouge, idem en parois verticales, huisseries Lapeyre Tradichêne, vitrage antieffraction, cuisine Ikea Faktum avec façades Applad, sols cuisine et salle de bains en ipé, placage de la salle de bains en contreplaqué marine
- Durée des études : 5 mois
- Durée du chantier : 11 mois
- Localisation : Yport, Seine-Maritime (76)
- Livraison : mars 2008

- Lot 01 : charpente 7 900 € HT
- Lot 02 : bardage 4 600 € HT
- Lot 03 : couverture 3 690 € HT
- Lot 04 : plâtrerie, isolation 1 212 € HT
- Lot 05 : menuiserie bois 2 200 € HT
- Lot 06 : plomberie 2 500 € HT
- Lot 07 : parquets 1 088 € HT
- Lot 08 : sols béton 850 € HT
- Lot 09 : salle de bains 3 500 € HT
- Lot 10 : cuisine 5 500 € HT [Entreprise MRC]

- Total HT : 31 190 €
- TVA 19,6 % : 6 113 €
- Total TTC : 37 303 €

* Le coût important de la réhabilitation s'explique par la situation du lieu, inaccessible en voiture : 30 % du budget sont à imputer à la manutention des matériaux pour les acheminer jusqu'au site. Par ailleurs, ce montant intègre aussi l'aménagement des abords extérieurs, le terrassement, le forage, ainsi que le dispositif de récupération des eaux de pluie, l'installation géothermique, les panneaux solaires et les tentes.

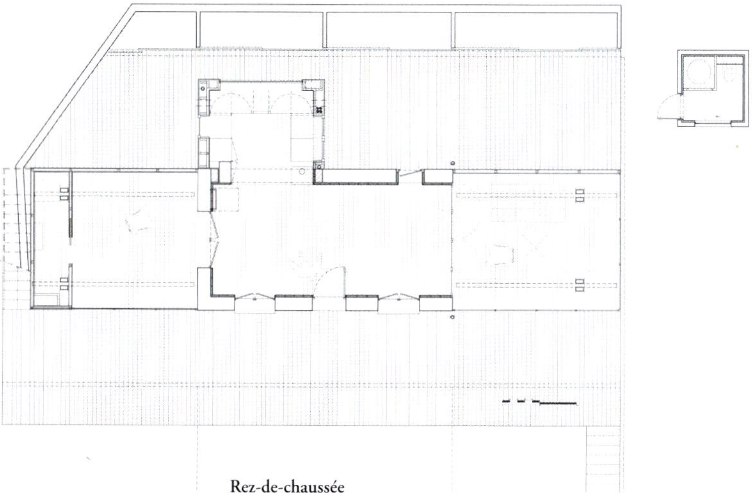

Rez-de-chaussée

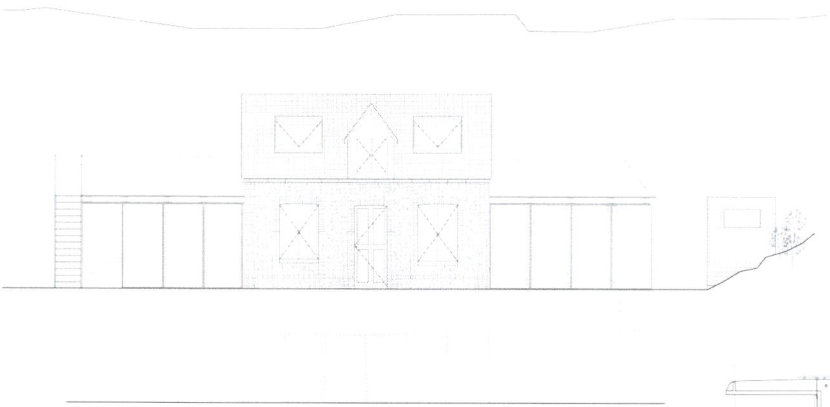

Élévation Sud-Ouest

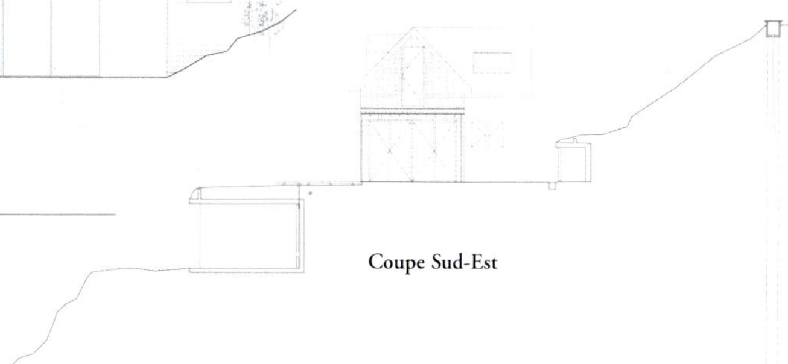

Coupe Sud-Est

Le chaînon manquant

SYLVAIN MENAUD

Dans la famille depuis longtemps, le pigeonnier est l'objet d'un attachement profond. Merveilleusement situé dans une bastide du causse de Limogne, au cœur du Parc naturel régional des Causses du Quercy, il est cependant inhabité depuis un demi-siècle, d'où un mauvais état intérieur, des planchers à demi écroulés… Désireuse de réinvestir l'endroit avec un budget restreint, Lucette, sa propriétaire, interroge l'architecte Sylvain Menaud pour étudier son projet : créer une résidence pour elle, mais apte à recevoir confortablement ses deux enfants et leur famille respective.

La structure du bâtiment qui s'avère très saine constitue une bonne base. Néanmoins, en raison du programme supposant plusieurs chambres, il semble difficile d'investir un lieu qui, tel que, développe à peine 80 m^2 sur trois niveaux dont un grenier en soupente. Et puis il y a ces murs de pierres sèches de 1 m d'épaisseur… Ils composent un pigeonnier de plan carré érigé en 1795, puis transformé en modeste maison au cours du XIXe siècle, soit deux petites pièces à l'étage, le rez-de-chaussée étant alors affecté aux travaux de la ferme. Bien qu'implanté dans un site remarquable sur une parcelle bordée de pâturages et arborée de tilleuls et frênes centenaires, l'édifice n'encourage guère à la villégiature du XXIe siècle. Que faire de cette bâtisse à la forte identité, massive, rustique, opaque et, qui plus est, pourvue de hauteurs sous plafond dignes d'une maison de poupées ? Durant la phase de réflexion, plusieurs options sont imaginées. Peut-être ne l'aménager qu'a minima et l'utiliser comme l'annexe d'une construction neuve à bâtir sur son terrain ? Ou alors l'agrandir… Mais comment ?

Au fil des discussions, sous-exploiter le pigeonnier, le point d'ancrage familial, n'apparaît pas le choix le plus pertinent. Décision est donc prise de « jouer le jeu » et d'établir une stratégie d'appropriation. Elle se développe à partir du pignon nord-ouest, une grande façade aveugle orientée vers le causse offrant à l'habitation le potentiel d'une nouvelle vue très protégée. Procédant de l'intérieur vers l'extérieur, la démarche adoptée imbrique trois étapes : la réhabilitation de l'existant sur ses trois niveaux, la création d'ouvertures nord-ouest au maximum de ce que permet la structure pour éclairer l'espace intérieur le plus généreusement possible, et enfin l'ajout d'un important volume verrier double hauteur, en l'occurrence une serre horticole du commerce afin de respecter le budget imparti. Au final, ces opérations

Façade nord-est. Depuis le champ voisin, le grand volume verrier de l'extension s'intègre en douceur dans son environnement. On distingue, à droite, le mur du pavillon d'été créé sur l'emplacement d'une ruine.

© David Pradel

mêlant étroitement réhabilitation et extension réorientent la maison au nord-ouest, la « retournant » vers un point de vue sur lequel elle était absolument opaque.

La rénovation de l'existant se fonde sur la partition d'origine qui est strictement conservée : deux pièces en rez-de-chaussée, deux pièces à l'étage et une cinquième dans le grenier. Ce choix qui produit inévitablement des surfaces contenues, un petit T 5, est néanmoins optimisé par l'évacuation de toute zone de circulation, fonctionnalité assignée à la serre. Celle-ci communique avec les espaces intérieurs par deux baies double hauteur percées en limite des chaînages d'angle afin d'obtenir « le plus grand envisageable », soit des dimensions extrêmes pour ces murs anciens, 1,20 m x 5 m et 3 m x 5 m. La serre assume plusieurs missions. Elle décongestionne de façon radicale le volume intérieur en lui apportant la surface additionnelle qui lui manquait : 48 m² de jardin d'hiver, dont 37 m² au rez-de-chaussée et 11 m² à l'étage. Elle distribue aussi les deux étages par un escalier prolongé d'une rochelle dont la profondeur, 1,30 m, augmente visuellement d'autant les chambres implantées au niveau supérieur. Quant à ce corridor qui fonctionne comme un balcon, il organise aussi la nouvelle vue de l'habitation dominant le causse sur 180°.

Les grandes baies créées sont closes par des châssis coulissants au rez-de-chaussée et à l'étage de façon à protéger le volume existant de la serre qui reste non chauffée l'hiver mais dispose d'une centrale de régulation commandant son ouvrant en toiture dès que la température augmente. En définitive, c'est sur ce volume verrier standard que reposent la pertinence et l'économie du projet. Toutes les qualités engendrées – l'optimisation de la surface d'origine, les prises de lumière, la fluidité de la distribution, la création de vues traversantes, la bonne ventilation du lieu,

Le projet avant et pendant les travaux : la façade nord-ouest aveugle d'un pigeonnier du XVIIIe siècle. Encadrées de béton, les deux grandes baies de 1,20 m et de 3 m de large par 5 m de haut ont été créées jusqu'aux limites des chaînages d'angle. Ces deux ouvertures assurant la liaison de la bâtisse avec la serre forment aujourd'hui les quatre cinquièmes des ouvertures dans la pierre sèche. En arrière-plan, les étroites portes-fenêtres et fenêtres existantes sur la façade principale sud-est constituaient l'essentiel des prises de lumière de l'habitation.

l'appropriation du site – proviennent de cet ajout transparent, le chaînon qui manquait pour insuffler une deuxième vie au pigeonnier à bout de souffle.

Dans ce cas précis, le potentiel d'une opération d'extension apparaît nettement. Loin de se résumer à l'addition d'un espace supplémentaire, l'intervention concentre l'ensemble des opérations indispensables au fonctionnement cohérent du projet de réhabilitation. Sans l'extension, celui-ci n'aurait pu répondre au programme formulé d'un séjour et quatre chambres. Mais il ne pouvait pas davantage pallier l'important déficit de luminosité dont l'habitation souffrait. Le pigeonnier étant situé dans un périmètre soumis à l'autorité des Bâtiments de France, les obligations réglementaires stipulaient en effet que tout percement opéré dans les façades devait s'inscrire « dans la forme et les dimensions des ouvertures d'origine ». Or, la plus grande porte de l'édifice mesurait 0,70 m x 1,75 m ! Dans ce contexte contraignant, seule l'adjonction d'un volume double hauteur a autorisé à ouvrir largement la façade aveugle du bâtiment qui devenait de ce fait un mur de refend, soit une paroi intérieure non soumise au règlement en vigueur.

Pour autant, « il ne s'agissait pas de faire un pied de nez à la réglementation », note Sylvain Menaud. Son intervention, mesurée, laisse intactes trois façades du pigeonnier. Et elle s'organise en outre sur la préservation de l'intégrité du volume intérieur d'origine, y compris dans les matériaux utilisés : enduit à la chaux en parois intérieures, parquets et volets en châtaignier. Une performance remarquable dans le budget imparti, d'autant plus que l'architecte s'est aussi préoccupé du « recyclage » des pierres sèches provenant de l'évidement spectaculaire de la façade. Celles-ci ont permis d'édifier un pavillon d'été formant un auvent sur l'emplacement d'une ruine en limite nord-est de propriété. Cette construction indépendante raccordée aux réseaux est prévue pour être éventuellement close et composer ainsi un studio autonome, une manière d'anticiper de nouveaux besoins et d'assurer durablement l'avenir de pigeonnier dans la famille.

© Philippe Ruault

Elément clé de l'économie du projet, la serre en acier galvanisée développant une surface de 48 m² (37 m² + rochelle 11 m²) est un modèle existant d'un fabricant spécialisé dont les dimensions (7,60 m x 5,10 m) s'adaptaient à la façade sans modification. Elle est équipée d'une sonde de température reliée à l'ordinateur qui commande son grand ouvrant en toiture. Ce dispositif de ventilation est soutenu par les deux baies coulissantes installées aux angles nord et ouest permettant l'accès au jardin. L'architecte avait interrogé un vérandaliste : pour un budget identique, celui-ci lui proposait une véranda de… 9 m².

© Philippe Ruault

La rochelle implantée dans la serre fonctionne comme un balcon et assure la distribution des chambres implantées dans les deux niveaux supérieurs.

© David Pradel

La serre depuis le coin salon du séjour-cuisine. A droite, l'ouverture créée desservant la chambre du rez-de-chaussée est implantée dans l'axe de la porte d'origine ouvrant sur l'extérieur, aujourd'hui vitrée pour créer une vue traversante au nord-est. Châssis coulissants ouverts, cette pièce principale communique toute hauteur et pratiquement toute largeur avec la serre. En arrière-plan, on aperçoit une partie du pavillon d'été.

© Philippe Ruault

Axe nord-est. La serre, espace non chauffé, fonctionne comme un jardin d'hiver qui dès les beaux jours double la surface du rez-de-chaussée. Le revêtement de sol en pierre locale se poursuit dans l'habitation soutenant la fluidité des deux espaces. On distingue la sonde de température suspendue à la structure. Sous l'ordinateur de commande du grand ouvrant, un rectangle laissé pleine terre pour végétaliser cette partie nord qui reçoit l'escalier.

© Philippe Ruault

La rochelle procure à l'habitation une vue nouvelle protégée, dominante et lointaine à 180° sur le causse de Limogne.

© Philippe Ruault

© Philippe Ruault

A gauche : *depuis la chambre bibliothèque en R + 1, l'escalier desservant la quatrième chambre du pigeonnier implantée dans le grenier.*

Ci-contre : *la date de construction 1795 est gravée sur le linteau de la porte d'accès originelle au pigeonnier avant qu'il ne soit remanié au* XIXe *siècle. Elle relie maintenant les deux chambres du R + 1. Les prestations intérieures, murs chaulés et plancher d'étages en châtaignier, s'accordent pour préserver le caractère du bâtiment.*

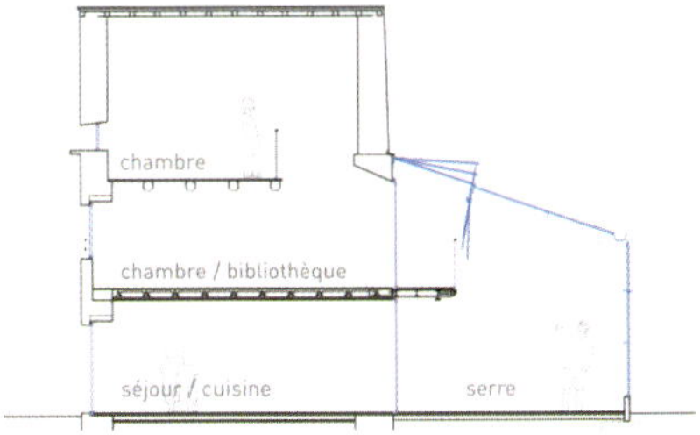

Coupe

© David Pradel

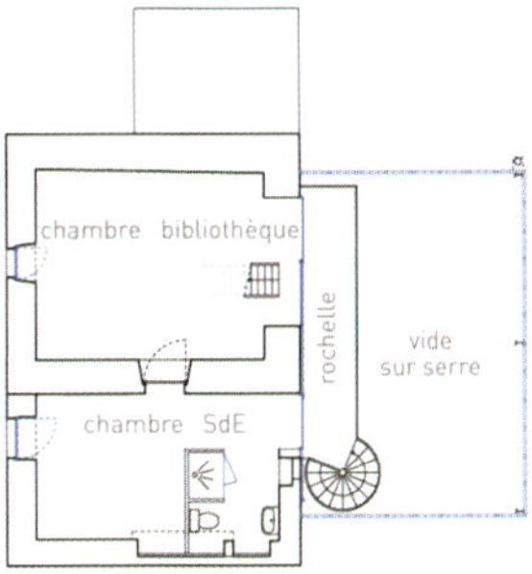

R + 1

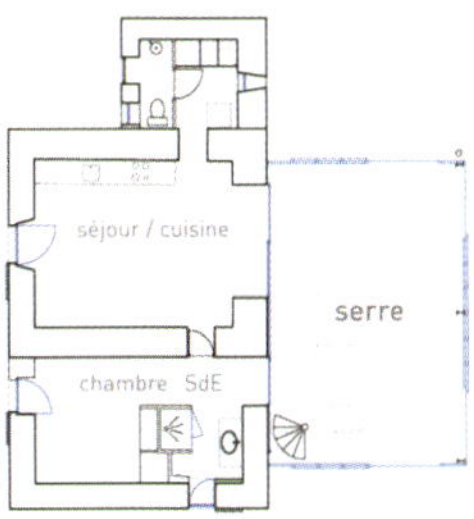

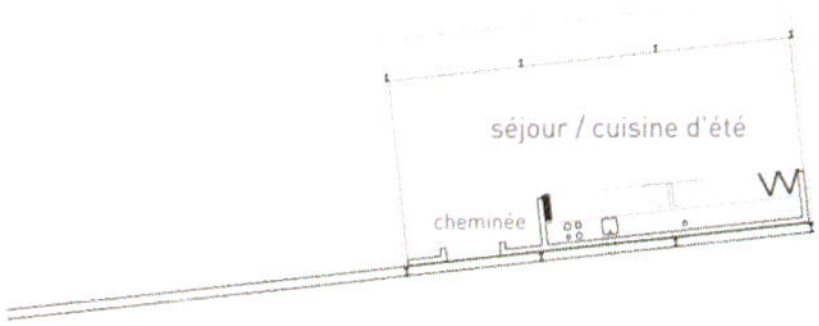

Rez-de-chaussée

DESCRIPTIF

- Architecte : Sylvain Menaud
- Construction d'origine : 1795
- Coût total : 154 975 € TTC (hors honoraires, non communiqués)
- dont serre avec rochelle : 33 453 € TTC et pavillon d'été : 31 455 € TTC
- Travaux sur existant : 90 067 € TTC
- Travaux extension serre (y compris la rochelle) : 33 453 € TTC
- Travaux extension pavillon d'été : 31 455 € TTC
- Surface utile rénovation : 100 m² - Prix au m² : 900 € TTC
- Surface utile extension serre : 48 m² - Prix au m² : 697 € TTC
- Surface utile pavillon d'été : 58 m² - Prix au m² : 462 € TTC
- Chauffage : panneaux radiants électriques avec régulation multizones, solaire passif (serre)
- Matériaux utilisés : profilés métalliques galvanisés (structure serre et pavillon d'été), montants aluminium et verre clair (parois serre), châssis aluminium et verre clair (menuiseries extérieures), chaux blanche naturelle (enduits intérieurs), plancher châtaignier (sol étages), dallage pierre de Puylagarde (sol rez-de-chaussée), béton bouchardé (sol pavillon d'été), panneaux en châtaignier chaulés (volets extérieurs et portes pleines)

- Durée des études : 14 mois
- Durée du chantier : 10 mois
- Localisation : Beauregard, Lot (46)
- Livraison : 2005

- Lot 01 : gros œuvre, démolition [Entreprise Corazza] 59 278 € HT
- Lot 02 : charpente métallique (pavillon d'été) [Entreprise Viguie] 6 650 € HT
- Lot 03 : serre, intelligence climatique [Entreprise Marchegay] 21 000 € HT
- Lot 04 : menuiserie aluminium et bois [Entreprise Simian] 17 369 € HT
- Lot 05 : électricité-chauffage, plomberie-sanitaires-ventilation [Entreprise Tasteyre] 14 455 € HT
- Lot 06 : couverture-zinguerie (pavillon d'été) [Entreprise Soulie] 5 442 € HT
- Lot 07 : doublage-cloisons sèches-faux plafonds [Entreprise Vaquie] 3 863 € HT
- Lot 08 : serrurerie [Entreprise Moly] 8 684 € HT
- Lot 09 : carrelage, dallage pierre [Entreprise Pantera] 7 547 € HT

- Total HT : 144 290 €
- TVA 5,5 % et 19,6 % : 10 684 €
- Total TTC : 154 975 €

- Non compris dans les marchés : les peintures intérieures, l'aménagement de la cuisine

La maison de Sébastien

CATHERINE MAZIÈRES
& DAVID PRADEL

A une demi-heure de route vers l'est de Rochefort, un bourg de 775 âmes ceint de champs de maïs, de tournesol et de colza. Philippe et sa famille se sont installés ici dans l'ancienne coopérative agricole du village, qui abrite désormais leur résidence et les ateliers de ce compagnon ébéniste. Habitation et locaux se répartissent autour d'une vaste cour en angle qui s'ouvre à l'est sur un jardin procurant des vues plus lointaines. Cet espace mi-gravillonné, mi-gazonné et planté, bordé de petits bâtiments annexes du XIXe et du début du XXe siècle, ne laisse pas indifférents les architectes David Pradel et Catherine Mazières, la sœur de Philippe, appelés à la rescousse pour réaliser une extension.

Philippe et Annie avaient d'abord imaginé une construction de type charentais. Mais les architectes leur ont proposé une démarche plus cohérente avec la spécificité du lieu et la particularité d'une situation malheureusement urgente. Le fils aîné de la famille est atteint d'une grave maladie. Son autonomie s'émousse et l'hébergement auprès de ses proches est devenu l'unique alternative. Les parents ont besoin d'un lieu adapté. En raison de ces circonstances, le programme est donc singulier : concevoir et livrer le plus rapidement possible une extension tenant compte des besoins du jeune homme.

Dans le budget très serré imparti, moins de 45 000 €, les architectes s'attachent donc à concevoir une extension la plus agréable possible très fonctionnelle aussi. Comment loger une personne dépendante ? Cette question va déterminer le projet. « Il est apparu rapidement que l'on n'obtiendrait pas les qualités requises en implantant l'extension accolée à l'existant. Or, sachant que Sébastien allait y vivre 24 heures sur 24, il était essentiel d'éviter l'approximation. Bien que nous tentions systématiquement de concevoir des bâtiments offrant un volume ample et largement ouvert sur l'extérieur, le plus ensoleillé possible, cette fois, plus que jamais, ces qualités devaient définir l'extension. »

Sensibles aux particularités de la cour et à ses édifices, « simples, utilitaires et pour cette raison dégageant une certaine noblesse », les architectes cherchent à s'y insérer « délicatement ». L'option retenue est une implantation en position charnière, à l'articulation des deux composantes de l'espace extérieur, entre la cour proprement dite et le côté jardin.

La façade sud de l'extension totalement vitrée permet de profiter d'apports solaires appréciables. Les baies coulissantes tri-rails autorisent l'ouverture de la façade sur ses deux tiers permettant une ventilation efficace du pavillon en été. Par souci d'économie, les dimensions des panneaux sont au maximum des dimensions standard du fabricant. Le feuillage du noyer participe à la thermie du bâtiment en ombrageant la baie vitrée durant les mois d'été.

© David Pradel

L'extension s'insère dans la cour sans se faire remarquer, la façade vitrée associée la transparence du polycarbonate de l'auvent a contribué à dématérialiser la nouvelle construction. De part et d'autre de la cour : l'habitation principale à l'ouest, les bâtiments annexes à l'est. En arrière-plan (à droite), on distingue le volume imposant de l'atelier d'ébénisterie.

© David Pradel

L'extension en ossature bois définit un rectangle de 10 m x 6 m. Elle reçoit une toiture bac acier monopente orientée nord afin d'accroître la dimension de sa façade vitrée sud. A l'est, le débord de toiture apporte un seuil couvert à l'entrée de l'habitation.

© David Pradel

La nouvelle construction adossée nord au mur d'enceinte de la propriété peut ainsi s'ouvrir plein sud, bénéficier de l'ombrage d'un beau noyer planté ici et profiter des plus grandes dimensions du terrain dans ses orientations sud et est.

Le recours au bois favorise la rapidité de chantier recherchée tout en permettant au bâtiment de s'inscrire avec légèreté dans la cour. Le pavillon participe ainsi des édicules, appentis, séchoir à bois, remises et autres cabanes ajoutés ici au fil des ans. Axé sur le noyer, il tend à se glisser sous les ramures de l'arbre, intention que vient soutenir la conception de l'auvent, élément distinctif du projet.

Fruit d'un travail de rationalisation de la construction et notamment d'une étude des assemblages de la charpente afin d'optimiser les coûts, l'extension offre une surface habitable maximale eu égard au budget. L'habitation est élémentaire dans sa forme – un parallélépipède vitré sud par une baie coulissante toute hauteur et toute largeur (10 m x 2,60 m). A l'unisson, son plan de distribution se résume à un séjour avec cuisine ouverte, prolongé d'une chambre en alcôve avec salle de bains mitoyenne. Cette partition minimale produit une circulation intérieure fluide, sans obstacle, adaptée à un déplacement en fauteuil roulant. Séparée par une demi-cloison recevant une porte coulissante, la chambre, loin d'être enclavée, communique ainsi amplement tant avec la pièce de vie qu'avec l'extérieur : au sud sur cour, mais aussi à l'est via la porte d'entrée vitrée sur le jardin. L'extension, bien que dissociée, installe donc son habitant au cœur de la vie de la maison, ce que n'aurait pas procuré, dans ce cas précis, un mode d'implantation contigu. Elle préserve habilement ces deux scénarios : un besoin de calme et d'intimité, et le plaisir de pouvoir observer ce qui se passe aux alentours de la chambre, qu'il s'agisse de la préparation des repas dans la pièce principale ou de l'activité quotidienne de l'atelier d'ébénisterie dans la cour. Au-delà de la stricte création d'un logement indispensable, l'ensemble des dispositifs mis en œuvre par le projet concourt efficacement à éviter l'exclusion du malade – un supplément d'âme qui lui confère, bien entendu, toute sa pertinence.

L'auvent procure une surface abritée protégeant la baie vitrée sud de la pluie et du vent assez abondant dans cette région charentaise. Sa pente inverse à celle de la toiture participe à l'intention de glisser l'extension sous le noyer. Le choix de son revêtement s'est porté sur des panneaux de polycarbonate ondulé transparent afin de ne pas faire obstacle aux rayons du soleil.

Ci-contre : *la pièce de vie. L'aménagement intérieur reste minimal pour préserver une circulation fluide en fauteuil roulant.*

A gauche : *la porte d'entrée vitrée implantée à l'est permet de bénéficier depuis le lit d'une vue sur le côté jardin de la cour.* A droite : *vue sud sur la cour depuis le lit.*

Ci-contre : *vue traversante sur le séjour depuis la chambre.*

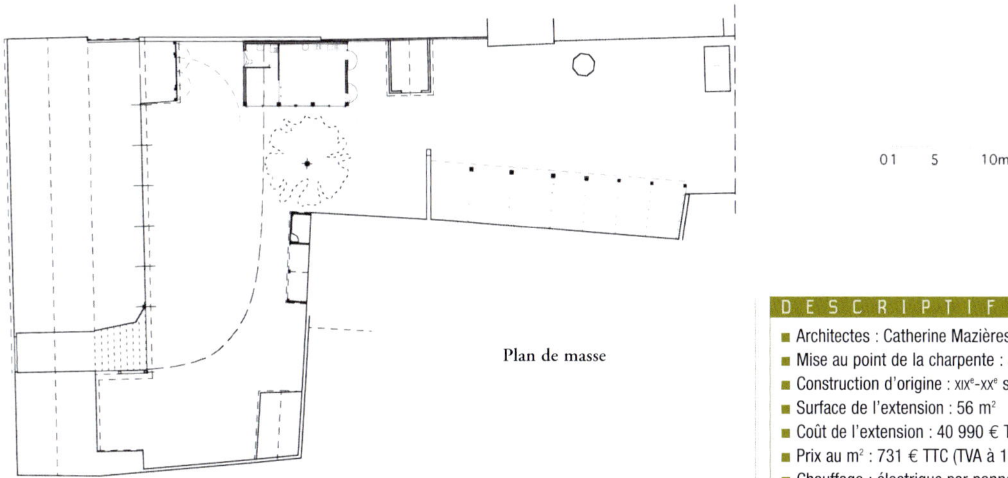

Plan de masse

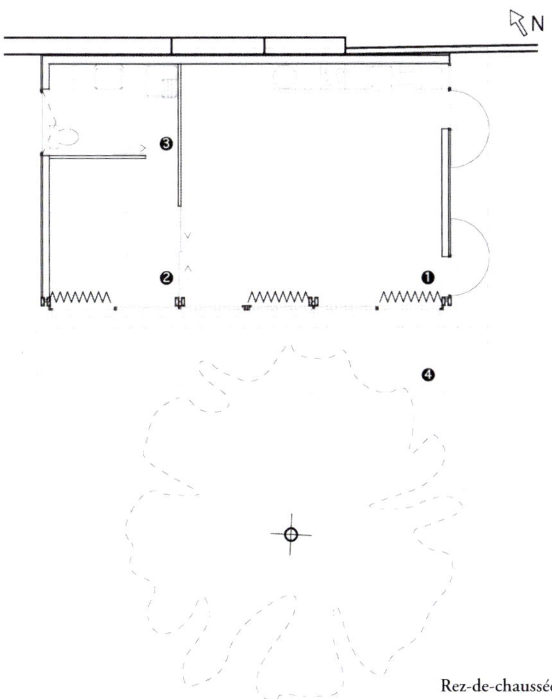

Rez-de-chaussée

DESCRIPTIF

- Architectes : Catherine Mazières & David Pradel
- Mise au point de la charpente : Julien Garcia
- Construction d'origine : XIXe-XXe siècle
- Surface de l'extension : 56 m^2
- Coût de l'extension : 40 990 € TTC (hors honoraires)
- Prix au m^2 : 731 € TTC (TVA à 19,6 %)
- Chauffage : électrique par panneaux rayonnants
- Matériaux utilisés : béton (dalle), sapin (ossature bois), Lamibois Kerto et sapin Douglas (charpente), laine de roche 150 mm en parois ossature bois, 150 mm en toiture et film réfléchissant (isolation), panneaux de contreplaqué de pin rétifié (bardage), bac acier laqué et polycarbonate (toiture), Fermacell (doublage intérieur), menuiseries extérieures aluminium à double vitrage, portes et fenêtres en bois exotique à double vitrage (ouvertures), caoutchouc (sol)
- Durée des études : 6 mois
- Durée du chantier : 2 mois
- Localisation : Charente-Maritime (17)
- Livraison : 2005

- Lot 01 : gros œuvre
[Entreprise Morelle] 5 257 € HT
- Lot 02 : charpente bois, bardage, doublage intérieur
[Entreprise Garcia] 16 385 € HT
- Lot 03 : menuiserie aluminium
[Entreprise Firmin] 4 384 € HT
- Lot 04 : plomberie, sanitaire, couverture
[Entreprise Auduberteau] 5 285 € HT
- Lot 05 : électricité, chauffage
[Entreprise Audebert] 2 962 € HT

- Total HT : 34 273 €
- TVA 19,6 % : 6 717 €
- Total TTC : 40 990 €

- Non compris dans les marchés : les peintures et les finitions intérieures

Comme un Lego

JENNIFER CARRÉ
& BLANDINE HOUSSAIS

Depuis cinq ans, Nathalie et Harold vivent dans une maison située non loin de la gare de Saint-Brieuc, un quartier majoritairement composé de logements ouvriers, habitations de taille modeste (36 m² au sol) mais dotées d'un jardin et bâties avec le granit local. La famille s'étant agrandie, ils aimeraient que leurs deux enfants qui partagent une même chambre puissent désormais disposer chacun de leur propre espace. Une troisième chambre, celle du couple, est donc nécessaire : ce sera la demande formulée à l'agence Carré- Houssais, deux jeunes architectes installées à Paris, mais travaillant régulièrement dans les Côtes-d'Armor. Harold, conducteur de travaux dans une entreprise de miroiterie, a également un souhait pour sa future extension : une ossature métallique et un bardage en Trespa, un matériau qu'il apprécie et entend mettre en œuvre lui-même car il est convenu que son épouse et lui assureront personnellement l'essentiel des travaux.

Orienté nord-sud et coiffé d'une toiture d'ardoise à deux pans, le bâtiment existant érigé sur sous-sol en R + 1 sous combles présente le plan suivant : pièce de jour et cuisine au rez-de-chaussée, deux chambres à l'étage. La cage d'escalier et la salle de bains sont reportées dans des édifices annexes. Depuis sa construction au début du XXe siècle, l'habitation a vécu en effet une série de modifications effectuées par ses occupants successifs avec les moyens du bord et globalement assez malheureuses. C'est ainsi qu'un garage dans lequel la salle de bains est aménagée et un volume abritant la cage d'escalier se sont greffés au fil du temps sur le bâtiment d'origine, ainsi qu'une petite entrée sur rue et une véranda sur jardin. Visuellement, l'ensemble paraît plutôt chaotique, des excroissances en parpaings peints devenues lépreuses et n'apportant que de faibles qualités d'usage à la famille. La surface du garage restante fait office de débarras. Quant à la véranda prolongeant la cuisine, elle est minuscule (2 m x 2 m) donc peu exploitée ; d'ailleurs personne ne s'y aventure longtemps tant sa vétusté inquiète. Alors que la maison bénéficie côté jardin d'une vue très largement dégagée plein sud, elle n'en profite aucunement.

Pour les architectes, la démolition de l'ensemble de ces ajouts successifs s'impose pour retrouver la volumétrie originelle et

Façade nord. Par sa forme, les matériaux utilisés, la multiplicité et la dimension de ses ouvertures, le mode de croissance adopté s'inscrit en rupture avec le bâti traditionnel. A l'étage, cette intention est soutenue par l'élément de liaison avec la maison existante : une passerelle vitrée bleue enchâssée dans la toiture créant une transparence qui met à distance le volume d'origine et le volume construit.

construire de façon cohérente. Outre l'augmentation de la capacité du bâtiment, leur intervention va s'efforcer de réorienter toute l'habitation vers le jardin. Deux volumes sont créés, chacun largement ouvert sur cet espace extérieur plein sud. Le plus important, sur deux niveaux, est adossé au pignon de la maison mitoyenne sur l'emprise du garage et de la cage d'escalier détruits. Quant au second, il constitue un avant-corps épais implanté au niveau de la cuisine. Ces deux éléments cubiques, chacun bâti en porte-à-faux, détonnent quelque peu dans l'ambiance pavillonnaire du quartier, un univers assez rugueux avec son cortège de façades en granit surmontées de toits d'ardoise. « Nous avions envie d'insuffler un peu de gaieté dans cette grisaille, indiquent les architectes, d'où ces boîtes édifiées en porte-à-faux qui pourraient faire songer à un Lego. » Pour être ludique, l'image n'en ait pas moins fondée, tant sur le caractère de la famille, dynamique et optimiste, que sur la réalité de la construction par Harold qui assurera l'assemblage de l'ossature métallique et la pose du bardage, un Lego grandeur nature, en somme, qu'il est prévu de réaliser « tous ensemble ».

Dans ce projet où chacun est mis à contribution selon ses aptitudes, les choix constructifs du maître d'ouvrage rencontrent l'assentiment des architectes : l'option ossature métallique souhaitée est un procédé qu'elles privilégient systématiquement dans la conception de maisons individuelles, notamment parce que ce mode de construction induisant la préfabrication de la structure en atelier est l'assurance d'un chantier plus propre et plus rapide que la maçonnerie. Quant au bardage demandé en Trespa, matériau composite (70 % fibres de bois, 30 % résine) disponible dans une large gamme de finitions et de coloris, son aspect soutient l'intention architecturale. Ces panneaux engendrent des surfaces homogènes accentuant le caractère monolithique des boîtes et les teintes sélectionnées établissent le dialogue désiré avec la bâtisse existante. Le noir satiné dans un fini légèrement texturé fait écho aux éclats de mica du granit, le rouge déclinant les encadrements de briques des ouvertures d'origine.

Le projet avant travaux. La bâtisse en granit érigée en R + 1 sous toiture d'ardoise à deux pans définit un plan carré de 7,30 m x 7,50 m développant une surface habitable inférieure à 88 m². Côté rue et côté jardin, les ajouts – la porte d'entrée et le volume la surplombant, le garage et la véranda – dénaturent la bâtisse d'origine sans même augmenter son habitabilité.

Au rez-de-chaussée, le volume gris abrite l'escalier, la salle de bains et une remise, la chambre supplémentaire désirée étant implantée à l'étage. La surface confortable de ce plateau (30,50 m²) permet en outre d'y créer un dressing et un bureau composant une suite parentale. Il reste par ailleurs suffisamment de place pour y loger des toilettes dont l'étage du bâtiment existant était dépourvu. Côté rue, au nord, l'extension est percée de huit ouvertures carrées à châssis fixe, ou ouvrants, aux vitrages transparents ou colorés, selon leur positionnement, sur la cage d'escalier ou la chambre. Côté jardin, au sud, ce volume s'ouvre à l'étage par cinq panneaux coulissants toute hauteur (2,90 m x 0,90 m), offrant une loggia qui propulse les habitants dans le paysage. Au rez-de-chaussée : une porte vitrée et cinq fenestrons éclairant et ventilant remise et salle de bains. A ce niveau, l'extension est reliée au jardin qui s'étend 3 m plus bas par une coursive sud que longe un escalier desservant aussi le volume rouge. Généreusement dimensionné (2,50 m x 3,70 m), cet avant-corps joue un rôle clé dans l'intention d'ouvrir la maison sur l'extérieur. Vitré sur ses trois orientations, il se prolonge à l'est par une terrasse de 10 m² surplombant le jardin. Dans la continuité de la cuisine ouverte, cette nouvelle véranda offre à la pièce de jour ce qui lui manquait cruellement : une liaison adaptée avec le jardin, un espace intermédiaire attribué à la salle à manger qui dès les beaux jours peut aussi migrer sur la terrasse.

Au-delà de la surface supplémentaire obtenue – 70 m² habitables et 12 m² de coursive et terrasse –, c'est bien une requalification du bâtiment dans son ensemble qui a été effectuée : le séjour reçoit maintenant pleinement la lumière du sud et, pour la première fois, les habitants peuvent profiter du soleil levant et couchant… L'extension valorise largement l'existant. Tout à fait inhabituel dans le quartier, cet ajout en rupture avec la bâtisse d'origine a d'abord provoqué la réticence

Le porte-à-faux des deux volumes de la façade sud tend à installer les habitants au niveau du paysage. Ouverte sur trois orientations est-sud-ouest, le volume rouge recevra les panneaux solaires en toiture. Cette véranda abritant la salle à manger fait bénéficier le rez-de-chaussée d'une lumière abondante et variée. Prolongée par la coursive qui longe l'escalier (en cours d'achèvement), elle ouvre l'habitation sur son jardin au dénivelé important.

d'une partie du voisinage. Néanmoins, observer chaque week-end, et durant un an, toute la famille à pied d'œuvre sur le chantier a aiguisé les curiosités, touché, et finalement dissipé les idées reçues. Souvent interpellé sur les matériaux et leur mise en œuvre, le couple s'est efforcé d'expliquer ses choix. Quant à sa motivation, elle a très vite forcé le respect : qu'il assume la quasi-totalité de la construction a suscité une réelle admiration. En dépit de la grue de location qui perturba la circulation quelque temps, ou du trottoir parfois un peu encombré, les avis sont restés enthousiastes, les travaux se sont achevés sans qu'aucune récrimination ne soit à déplorer. « Bref, nous avons décroché les félicitations du jury ! » plaisante Harold.

A gauche : *les deux volumes en saillie de la façade sud vont chercher la vue.*

En haut : *à l'étage, vue depuis la baie de la chambre parentale.*

En bas : *l'escalier desservant la chambre parentale. A droite, l'un des châssis vitrés de la façade rue.*

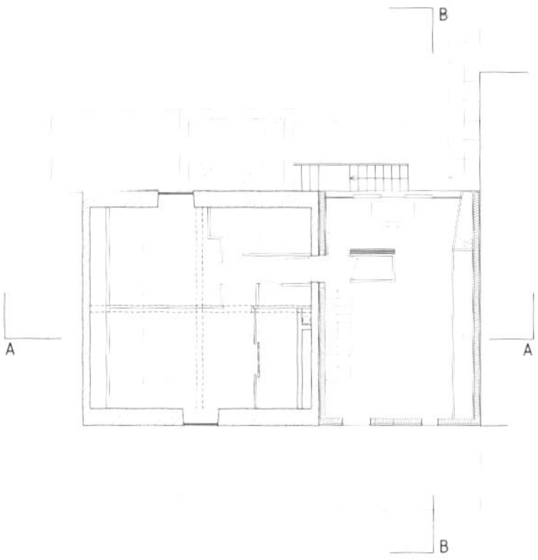

Étage

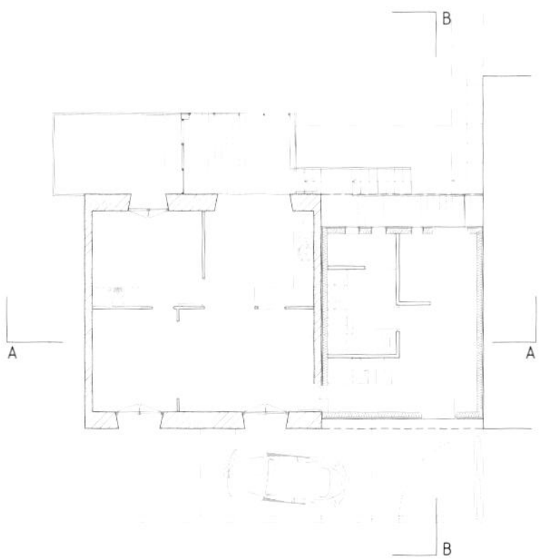

Rez-de-chaussée

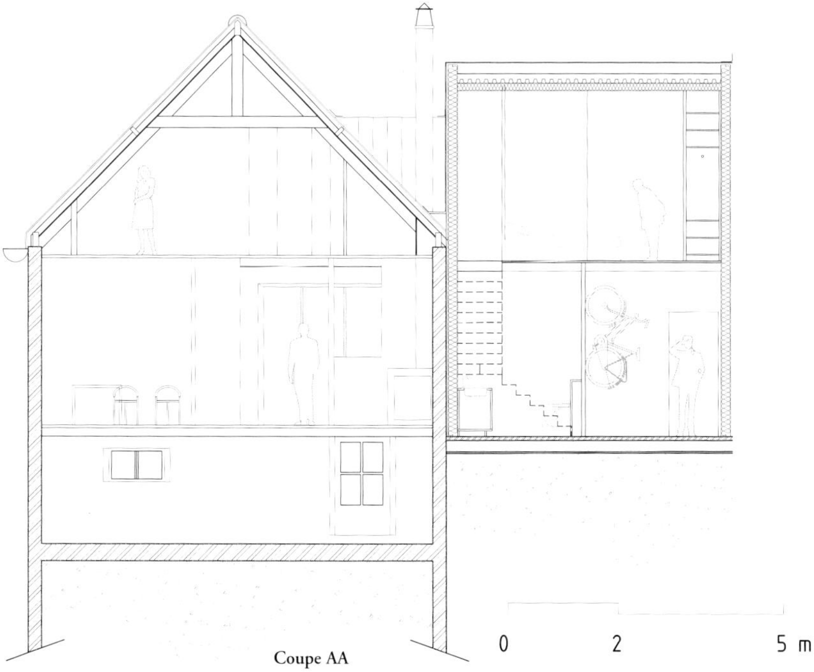

Coupe AA

DESCRIPTIF

- Architectes : Jennifer Carré & Blandine Houssais
- Construction d'origine : 1927
- Surface de l'extension : 70 m² + 12 m² (terrasse et coursive)
- Coût de l'extension : 62 851 € TTC (y compris honoraires, installations de chantier, raccordement concessionnaire, récupération de crédit d'impôt) + autoconstruction étalée sur un an
- Prix au m² de l'extension : 775 € TTC, y compris les équipements (convecteurs, panneaux solaires)
- Chauffage : électrique par convecteur et poêle granulés bois
- Chauffe-eau : solaire (panneaux en toiture sud)
- Matériaux utilisés : béton (dalle), acier galvanisé (ossature, charpente), laine de roche 100 mm en parois structure acier, 200 mm en toiture (isolation), panneaux de Trespa (bardage), plaques de plâtre (cloisons intérieures), plaques de plâtre (doublage intérieur) menuiseries extérieures aluminium à double vitrage standard, lisse acier galvanisé et câbles métalliques (garde-corps extérieurs), carrelage et parquet (sols)
- Durée des études : 2 mois
- Durée du chantier : 1 an
- Localisation : Côtes-d'Armor (22)
- Livraison : 2007

- Lot 01 : gros œuvre, démolition [Entreprise Morin] + autoconstruction 4 987 € TTC
- Lot 02 : charpente acier, couverture, bardage, escalier [Entreprise Morin] structure escalier, [Entreprise Lefeuvre] toiture ardoise, [Entreprise Serru] ossature métallique, 20 487 € TTC
- Lot 03 : châssis aluminium + double vitrage [Entreprise Alu Verre Concept] + montage en autoconstruction 10 424 € TTC
- Lot 04 : plomberie Fournitures + autoconstruction 4 366 € TTC
- Lot 05 : électricité, chauffage Autoconstruction 10 877 € TTC
- Lot 06 : plâtrerie, isolation [Entreprise Sopi] + autoconstruction 8 518 € TTC
- Lot 07 : menuiserie bois, Autoconstruction 2 124 € TTC
- Lot 08 : carrelages, peinture Autoconstruction 1 769 € TTC

- Installations de chantier (location bennes et échafaudages) : 1 714 € TTC

- Total HT : 5 4572 €
- TVA 19,6 % : 10 696 €
- Total TTC : 65 268 €

- Aide de la Région et du Département pour l'installation des panneaux solaires : 5 554 € (crédit d'impôt inclus)

Jardin suspendu

SÉBASTIEN FAYE

Un bourg rural du Parc naturel des volcans d'Auvergne… C'est ici à quelque 20 km au sud de Clermont-Ferrand que Christian et Eric ont installé leur résidence principale dans deux corps de bâtiments imbriqués en L : une grange et une maison formant une cour d'angle à l'intersection de deux rues du village. Les constructions érigées sur deux niveaux en granit et pierres de lave présentent des rez-de-chaussée voûtés, semi-enterrés en raison de la forte pente de cette bourgade se déployant entre 800 et 900 m d'altitude. Cette caractéristique associée au désir de bénéficier de vues lointaines a conduit les habitants à aménager à l'étage la chambre principale et les pièces de jour. Mais, en procédant ainsi, ils ont perdu l'usage de l'unique espace extérieur de la maison : la cour se trouvant désormais dissociée de l'espace jour est sous-utilisée, elle ne joue qu'un rôle de parvis d'entrée. Leur souhait ? Une terrasse à l'étage, pour y créer un coin repas, profiter du soleil et de la vue.

Pour son premier chantier, Sébastien Faye, frais émoulu de l'école d'architecture de Clermont, étudie d'abord une option béton à la demande des maîtres d'ouvrage qui ont imaginé des jardinières massives en guise de garde-corps, solution écartée dès qu'elle sera chiffrée… Trop onéreuse pour le budget envisagé. L'architecte se tourne alors vers une solution bois avec l'objectif de « faire monter le jardin à l'étage » et mettre à profit cette intervention pour requalifier la cour qui souffre de trois inconvénients : un ensoleillement limité par les maisons lui faisant face, des vis-à-vis directs importants sud et est et enfin une mitoyenneté gênante avec la voie publique.

« Le projet s'allège au fur et à mesure que l'ouvrage prend de l'altitude », indique l'architecte. Les jardinières prévues initialement à l'étage s'adossent en rez-de-chaussée sur un muret de maçonnerie à l'identique de l'existant afin de marquer la limite de propriété qui dans cet angle est souvent labourée par les roues des tracteurs circulant dans la rue. Quant à la cour proprement dite, elle est surmontée d'une terrasse sur poteaux bois dont le garde-corps composé de lames brise-soleil s'espace progressivement pour libérer la vue par-delà les toitures des bâtiments voisins. A ce niveau, la terrasse communique avec la fenêtre de cuisine dont l'allège est surbaissée pour recevoir une porte-fenêtre. L'extension offre une surface de 19 m² revêtue d'un plancher ipé se retournant sur une partie du pignon ouest de la grange.

La terrasse installe le jardin au niveau de la pièce de jour située à l'étage. Au rez-de-chaussée, les jardinières s'adossent sur un socle de pierre marquant la limite de propriété.

Le projet avant et pendant les travaux : les deux corps du bâtiment, la grange (à gauche) et la maison d'habitation forment une petite cour à l'intersection de deux rues du village. Les pièces de jour étant aménagées à l'étage, les maîtres d'ouvrage profitent peu de cet unique espace extérieur bordé par la voie publique et souffrant de vis-à-vis importants.

Ce même bois équipe le rez-de-chaussée pour répondre à la demande des propriétaires qui entendent pouvoir nettoyer l'endroit à grande eau. Close par des châssis vitrés toute hauteur coulissant au sud, fixe à l'est, la cour devient désormais le hall de l'habitation et le sas du rez-de-chaussée. Elle distribue, au sud, l'ancienne porte d'entrée ouvrant sur un corridor desservant une chambre d'ami et, côté ouest, la seconde chambre sous voûte, le niveau bas de la grange jusqu'alors dissocié du reste de la maison. Plantées de troènes, de glycines et de bambous, les jardinières de ce niveau bas font écran à la voie publique. Idem pour les plantes en pots de la terrasse de l'étage qui protègent des vues depuis la rue. En définitive, ces plantations qui tendent à se rejoindre pour composer un massif végétal homogène font disparaître la structure, tuteur de ce jardin suspendu.

Ci-contre : *les garde-corps composés de lames d'ipé non traitées dégagent progressivement la vue, leur faible espacement en partie basse masquant la maison d'en face et les vues depuis la rue.*

Ci-dessous et page suivante : *le hall d'entrée. Au rez-de-chaussée, comme à l'étage, le plancher d'ipé se retourne sur le pignon de la grange, procédé adopté pour éviter un coûteux rejointoiement des pierres très grossièrement crépies à ces endroits. De nuit, le hall d'entrée est éclairé par l'extérieur, via les spots encastrés dans la sous-face de la terrasse.*

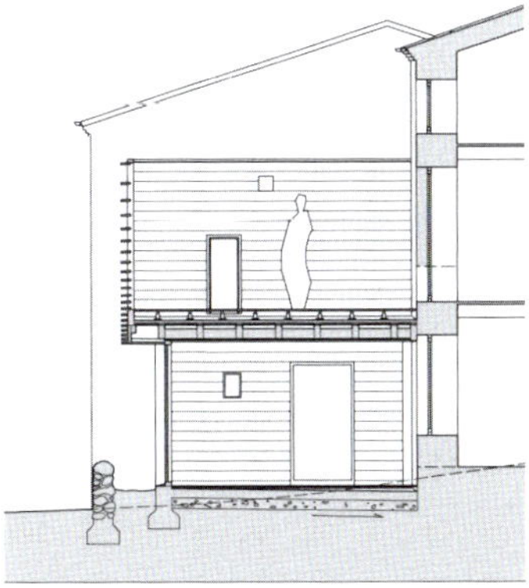

Coupe Nord-Sud

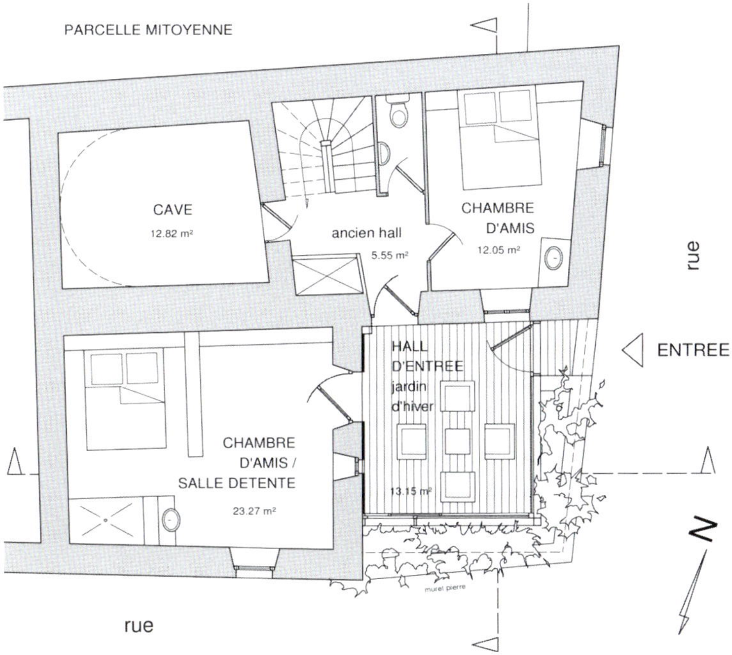

Rez-de-chaussée

DESCRIPTIF

- Architecte : Sébastien Faye
- Construction d'origine : fin XIXe siècle
- Surface de l'extension : 32 m², dont 19 m² (terrasse) et 13 m² (hall d'entrée)
- Coût de l'extension : 28 800 € TTC (hors honoraires, 16 % du montant des travaux HT, soit 4 000 € HT)
- Prix au m² : 900 € TTC (TVA à 19,6 %)
- Chauffage : néant
- Matériaux utilisés : béton armé (dalle et fondations), moellons de pierre jointés à la chaux (soubassement), joints de façades à la chaux, pin massif (charpente), étanchéité PVC posé sur isolant rigide, type Styrodur épaisseur 60 mm (sur plancher panneaux bois), ipé fixé sur ossature galvanisée, système Fixwood (caillebotis et bardages, intérieurs et extérieurs), ipé brut (sous face extérieure et lames brise-soleil), acier brut vernis au Rustol (structure brise-soleil), aluminium brut anodisé (menuiserie hall), panneaux de contreplaqué lambrissé une face (sous-face intérieure)
- Durée des études : 8 mois
- Durée du chantier : 4 mois
- Localisation : Puy-de-Dôme (63)
- Livraison : 2006

- Lot 01 : gros œuvre, façades
[Entreprise Bouche] 4 258 € HT
- Lot 02 : charpente bois, menuiserie, bardage
[Entreprise Rustan] 11 001 € HT
(dont 3 874 € HT pour fournitures dispositif bardage et caillebotis, Fixwood)
- Lot 03 : menuiserie aluminium
[Entreprise Le Verre et l'Ouverture] 3 992 € HT
- Lot 04 : étanchéité
[Entreprise Perrin] 1 974 € HT
- Lot 05 : serrurerie
[Entreprise Acier Construction Service] 2 800 € HT
- Lot 06 : plomberie
[Entreprise Chambon] 200 € HT
- Lot 07 : électricité
[Entreprise Papon] 425 € HT

- Total HT : 24 650 €
- TVA 19,6 % : 3 879 €
- TVA 5,5 % : 267 €
- Total TTC : 28 797 €

- Non compris dans les marchés : 7 816 € HT pour les joints de façades sur rue

Auprès de mon arbre

FRANÇOISE COULON
& FRANÇOIS MAUFRA

Montreuil-sous-Bois,
la maison ouvrière que visite toute la famille bénéficie d'un jardin de 400 m², autrement dit très spacieux pour la banlieue immédiate de Paris. Mais chaque fenêtre de ses trois pièces se trouvant méthodiquement orientée sur rue, elle lui tourne donc le dos ostensiblement. En dépit de cette ordonnance de coquette qui parade en installant l'essentiel de ses ouvertures sur sa façade publique, Christine et ses deux enfants sont charmés. Après avoir longtemps vécu en appartement, ils ne résistent pas à cet espace extérieur agréable planté d'un grand pin et de plusieurs cerisiers. Pour autant, le bâtiment tel que ne leur convient pas : ses 70 m² sont insuffisants, une extension s'avère indispensable. La mission est confiée à Françoise Coulon et François Maufra, les architectes ayant conçu la maison du père de Christine.

Le lot acquis comprenant un corps principal en R + 1 prolongé d'un garage mitoyen sur rue et d'un ajout ultérieur d'un étage sur rez-de-jardin, se caractérise par une parcelle (35 m x 11 m) qui accuse un dénivelé de 1,45 m par rapport au niveau de la rue. Afin que l'extension profite au mieux de ce vaste jardin, les architectes optent pour une configuration dissociant l'espace de réception de la partie privative : la nouvelle construction accueillera la cuisine et le séjour tandis que les bâtiments existants sont attribués aux chambres. L'intervention sur le bâti d'origine se résumera à l'ouverture de deux fenêtres côté jardin et une rénovation légère, avec un plan maintenu à l'identique pour minimiser les coûts, ses trois pièces constituant exclusivement la partie nuit : à l'étage, la chambre parentale et sa salle de bains ; au rez-de-chaussée, les deux chambres d'enfants et leur salle de bains partagée.

Une fois ce choix validé, l'implantation de l'extension se fonde côté rue sur la démolition du garage qui est dans un piteux état. Celui-ci, obligation réglementaire du plan local d'urbanisme, est reconstruit en adoptant un volume similaire, mais cette fois décollé du corps principal de l'habitation sur rue de manière à dégager une « faille », passage piéton de 90 cm entre les deux bâtiments. Clé de voûte de l'intervention, ce dispositif qui crée un accès direct à la partie jour et au jardin depuis la rue permet aussi de développer l'extension dans le prolongement du nouveau garage, soit au cœur de cet espace extérieur que les bâtiments d'origine dédaignaient.

L'extension vient capter la lumière du sud dans le jardin par quatre doubles portes vitrées surmontées d'impostes à soufflet pour ventiler l'habitation. Chacune d'entre elles d'une hauteur totale de 3,40 m définit une fonction de cet espace jour, d'ouest en est : la cuisine, la salle à manger puis le salon.

Le projet avant travaux : une maison ouvrière des années 1920 et son garage mitoyen. Le nouveau garage, décollé du bâtiment existant, crée depuis la rue un accès direct à l'extension et au jardin. En toiture : la coupe biaisée des plaques de fibres-ciment dessine le faîtage ondulé de l'ouvrage. La porte d'entrée utilise le même matériau que celui de la passerelle qu'elle dessert, un caillebotis d'acier galvanisé.

« L'extension suit une logique inverse à celle de l'existant, notent les architectes. Elle investit le jardin et s'y développe en allant en quelque sorte le "chercher" côté sud. » Calé sur le mur de soutènement est-ouest en limite nord de propriété, le sol du nouveau bâtiment suit la pente du terrain sous un même plan de toiture. De ce parti pris associé à la proposition de conserver le grand pin haut de 25 m donnant toute sa dimension à la parcelle, il résulte une extension qui contourne l'arbre puis se dilate dans ses dimensions horizontales et verticales. Son accès s'effectue soit directement depuis par le garage, soit par l'entrée sur rue, la « faille » qui est matérialisée par une passerelle suspendue se glissant entre le garage et l'existant pour desservir l'accès au niveau haut de l'extension, puis le jardin en contrebas en s'enroulant autour de l'arbre.

L'extension organise la séquence suivante : le garage au niveau rue puis, dans le prolongement, la partie jour de l'habitation en rez-de-jardin et enfin, semi-enterré sous le garage, la liaison avec la maison d'origine au niveau de son sous-sol. D'un point de vue réglementaire, cette ordonnance qui constitue bien une extension et non une construction dissociée est pertinente dans sa manière de respecter à la lettre les obligations d'urbanisme en vigueur. En termes d'habitabilité, le projet offre à la cuisine et à son salon contigu un volume d'une ampleur peu banale pour une opération économique, 13,60 m de long x 4,60 m de large disposant d'une hauteur sous-plafond comprise entre 4,50 m et 3,40 m sous toiture monopente.

Le bâtiment s'ouvre plein sud sur le rez-de-jardin par quatre portes vitrées toute hauteur et, sur ses flancs, par deux châssis fixes également toute hauteur : à l'ouest, côté cuisine, pour cadrer le tronc du grand pin ; à l'est, côté salon, afin d'ouvrir le séjour sur le fond de parcelle. Ce dispositif qui dégage une travée sud ménageant un lien direct avec l'espace extérieur sur trois orientations génère une transparence traversante sur toute la longueur de la construction. Quant à la partition intérieure, elle soutient l'intention d'habiter le jardin. Le volume reste non cloisonné, hormis la cuisine néanmoins vitrée en partie haute afin de conserver une transparence est-ouest.

En tirant un profit maximum des caractéristiques très spécifiques du site, l'intervention confère au pavillon d'origine un cortège de qualités dont il était dépourvu : elle organise un accès direct au jardin depuis la rue en évitant la traversée de la maison, elle instaure une relation subtile entre l'habitation et son jardin et elle abrite aussi cet espace extérieur en le protégeant des vues. Quant au bâtiment créé proprement dit, il apporte non seulement une surface supplémentaire importante au logement ouvrier, mais il lui attribue aussi un volume exceptionnellement généreux, une ampleur de maison de maître ! Ce grand luxe est obtenu avec une réelle économie de moyens par un choix constructif simple et des matériaux appropriés : charpente bois, murs maçonnés et plaques de fibres-ciment ondulé en toiture et façade sud composant ainsi une enveloppe homogène.

Page de gauche : *le projet actuel avant travaux : une maison ouvrière des années 1920 et son garage mitoyen. Après travaux : le nouveau garage, décollé du bâtiment existant, crée depuis la rue un accès direct à l'extension et au jardin. En toiture : la coupe biaisée des plaques de fibres-ciment dessine le faîtage ondulé de l'ouvrage. La porte d'entrée utilise le même matériau que celui de la passerellle qu'elle dessert, un caillebotis d'acier galvanisé.*

Ci-contre, de gauche à droite : *depuis l'accès sur rue, la passerelle dessert, à gauche, l'entrée de l'extension sous auvent. Depuis le rez-de-jardin, la passerelle s'achève en escalier à deux volées créant un quart tournant qui frôle le grand pin en enjambant ses racines pour le préserver. La liaison entre l'extension et l'existant s'effectue en soubassement au niveau du châssis vitré situé sous l'escalier.*

En bas : *L'entrée vitrée abritée de l'extension depuis la chambre de l'étage située dans le bâtiment ancien. Cette vue plongeante explique la manière dont la nouvelle construction s'efforce de s'enrouler autour de l'arbre, le longeant pour se déployer côté sud. Derrière l'arbre, à gauche, la baie fixe apporte la lumière du sud à la cage d'escalier desservant l'entrée, celle de droite ouvre la cuisine sur l'ouest.*

Ci-dessus : *l'entrée de l'extension sous auvent depuis la circulation desservant la cuisine et le séjour. En acier brut, le palier intérieur boulonné au béton fait garde-corps. En bas, à droite l'accès à la liaison semi-enterrée reliant la maison existante.*

Ci-contre : *le coin salon de l'extension s'ouvre également à l'est sur le fond de la parcelle.*

Ci-dessous : *vue traversante sur la pièce de jour et le jardin depuis la cuisine.*

Page de droite : *vue traversante sur la cuisine et le grand pin depuis le coin salon de la pièce créée. La cuisine cloisonnée mais généreusement vitrée en partie haute permet de conserver une transparence est-ouest sur la travée sud de l'extension.*

Ci-dessus : *angle sud-est. Identiques en toiture et façade, les plaques de fibres-ciment composent une coque unifiant le volume en créant un effet de drapé qui vire du gris soutenu au gris blanc ou rosé selon l'ensoleillement. Les eaux de pluies sont drainées dans une cuve de récupération destinée à l'arrosage du jardin.*

A gauche : *la travée sud du séjour dans son axe est.*

Ci-contre : *depuis le châssis fixe est : vue traversante de l'extension jusqu'au grand pin et, au-delà, jusqu'à la porte d'accès sur rue.*

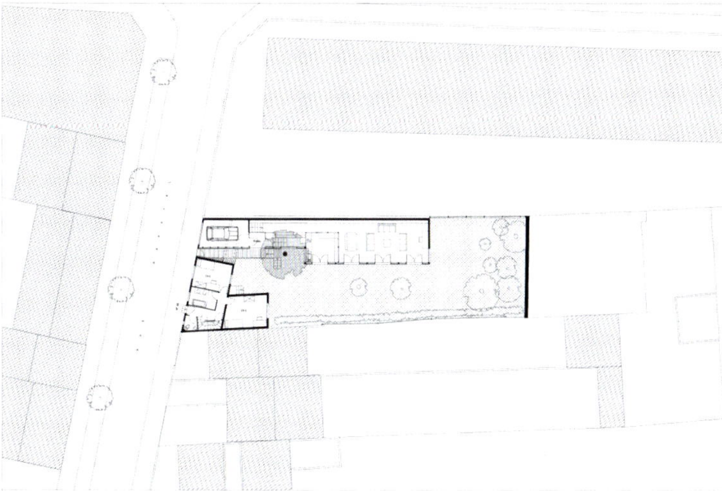

Rez-de-chaussée

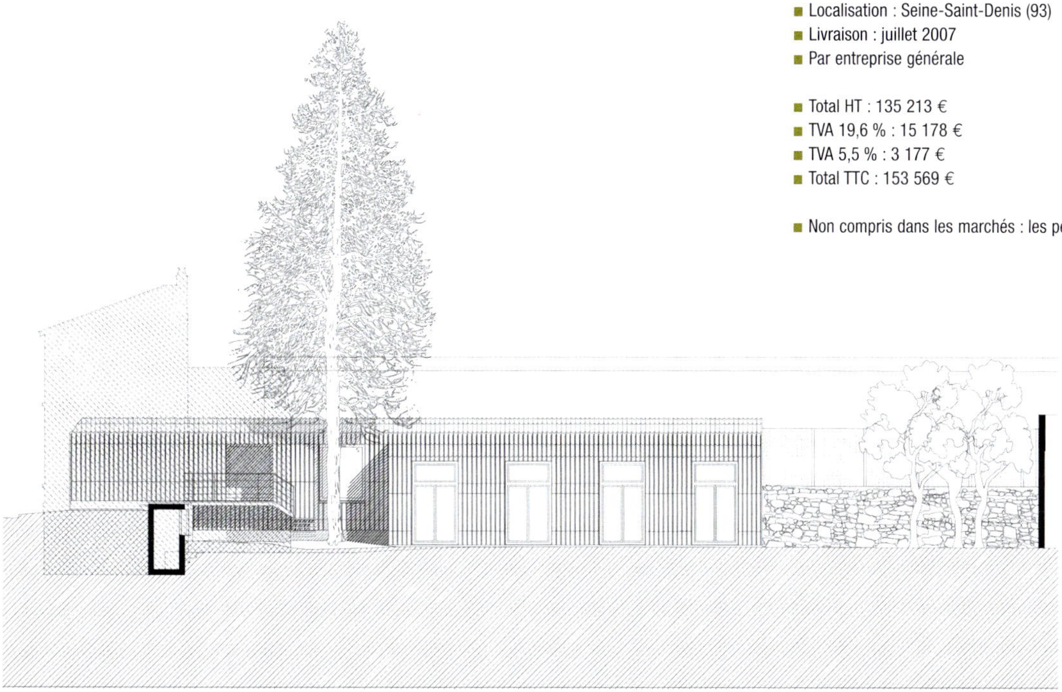

Élévation Sud

DESCRIPTIF

- Architectes : Françoise Coulon & François Maufra
- Construction d'origine : 1920
- Surface existante : 123 m² SHON dont 70 m² habitables
- Surface de l'extension : 98 m²
- Coût total (réhabilitation de l'existant + extension) : 153 569 € TTC (hors honoraires, 15 % du montant des travaux HT)
- Coût de la réhabilitation de l'existant : 60 949 € TTC (TVA à 5,5 %)
- Coût de l'extension : 92 620 € TTC (TVA à 19,6 %)
- Prix au m² : 495 € TTC (existant), 945 € TTC (extension)
- Chauffage : électrique par convecteurs pour l'extension, chaudière mixte gaz pour l'existant.
- Matériaux utilisés : béton armé (fondations), parpaings (mur mitoyen), sapin traité (charpente), plaques de fibres-ciment (couverture, façade), laine minérale et plaques de plâtre (cloisons, isolation, doublage), menuiseries extérieures bois, béton lazuré (sols)
- Durée des études : 3 mois
- Durée du chantier : 7 mois
- Localisation : Seine-Saint-Denis (93)
- Livraison : juillet 2007
- Par entreprise générale

- Total HT : 135 213 €
- TVA 19,6 % : 15 178 €
- TVA 5,5 % : 3 177 €
- Total TTC : 153 569 €

- Non compris dans les marchés : les peintures

La maison dans la maison

LODE ARCHITECTURE

Dans l'immédiate banlieue parisienne, une maison mitoyenne érigée en R + 1 sur rue avec jardin sur l'arrière. Elle comprend deux plateaux de 60 m² regroupant les pièces de jour en rez-de-chaussée, la suite parentale à l'étage ainsi qu'une deuxième chambre réservée au dernier-né en bas âge. Les combles de l'habitation sont aménagés en dortoir pour les trois autres enfants du couple. Mais, à mesure que la fratrie grandit, ce grenier pourtant vaste apparaît de plus en plus étriqué avec ses 2 m de hauteur au faîtage. Après avoir partagé leur repaire durant des années, chacun aspire à davantage d'intimité. « La grande chambrée ne convient plus, elle devient une cage aux lions ; ils ont de plus en plus de devoirs, besoin de s'isoler... Une extension est indispensable pour loger convenablement les enfants », explique le couple à Jérôme Vinçon et Arnaud Lacoste, des architectes qu'ils ont choisis en feuilletant les Pages jaunes au motif qu'ils étaient les plus proches de leur domicile. « Catherine et Geoffroy recherchaient un architecte de quartier comme on se met en quête d'un médecin. Cette démarche tout à fait inhabituelle nous a séduits, l'aventure commençait plutôt bien », se souviennent les intéressés.

L'analyse du site et du règlement d'urbanisme ne laisse pas d'option quant au mode de croissance à adopter, ce sera une surélévation. En revanche, dans cette commune favorable à l'architecture contemporaine, le choix constructif est libre. Maçonnerie, métal, bois... « La municipalité n'a pas d'a priori », indiquent les architectes qui par un double souci de cohérence et d'économie se sont dirigés vers une surélévation la plus discrète possible, quasi invisible même. « Trois données ont orienté le projet, notent-ils, un budget restreint, le souhait des maîtres d'ouvrage d'éviter toute façade ostentatoire et, bien entendu, la nature du bâtiment existant, sans charme, ni caractère... Dans ces conditions, la logique commandait d'écarter toute piste recherchant un effet pour ériger plutôt une « simple » extension, bref concentrer le budget sur l'essentiel : l'agrandissement de la surface. »

Résultat ? Façade et toiture de la nouvelle construction se fondent totalement dans l'existant. Résolus à n'élaborer aucun signe distinctif, les architectes adoptent sans état d'âme toutes les caractéristiques de la bâtisse : percements standard équipés de fenêtres à la française en PVC avec volet roulant intégré, couverture de tuiles mécaniques d'entrée de gamme et enduit monocouche

Suspendu aux pannes de charpente, le niveau des combles vitré sur ses flancs surplombe l'étage créé comprenant les trois chambres et la salle de bains des enfants. Ce dispositif engendre un espace commun ludique fonctionnant comme une maison dans la maison.

Ci-dessous : *la façade rue avant travaux. Une maison de faubourg en R + 1 sous toiture à deux pans. Mitoyenne sur son pignon ouest, elle est orientée nord sur rue, sud sur jardin.*

En bas : *la façade rue après travaux. Le parti pris adopté : prendre la maison telle qu'elle est, « ne pas chercher à la maquiller, ni de l'affubler de bas résille ». D'où une intervention à minima, reprenant toutes les caractéristiques du bâtiment existant : ses ouvertures, son enduit, sa toiture à deux pans.*

basique, à l'identique, enveloppant le tout « comme un bonbon ». Quant aux fenêtres du toit déposé, elles sont récupérées et réutilisées… Une démarche *low cost* pure et dure qui fait tout aussi naturellement le choix du parpaing, matériau employé pour l'extension antérieure.

Négligeant l'apparence à dessein, les concepteurs sont en revanche extrêmement soucieux de gérer au mieux la charge de la nouvelle construction sur des fondations déjà sollicitées par cet ajout. Il en résulte un système constructif « le plus léger possible », attentif à reporter de façon homogène le poids du volume ajouté sur les murs porteurs en périphérie du bâtiment. Le projet consiste en la création d'un étage supplémentaire comprenant trois chambres et une salle de bains. L'ensemble est surplombé au niveau des combles d'une salle de jeux vitrée sur ses flancs nord-sud, un volume suspendu par des tirants aux pannes surdimensionnées de la charpente. Si le procédé reporte comme prévu la charge de ce plateau sur les murs extérieurs, ce choix engendré par une contrainte structurelle confère de nombreuses qualités aux deux niveaux projetés. Associé aux fenêtres de toit récupérées, le dispositif apporte à chacune des chambres en contrebas une double exposition via les parois vitrées latérales. Nettement décollé des façades pour obtenir une rive de 1,80 m, ce plateau suspendu articule aussi le fonctionnement des pièces créées, dégageant dans chacune une zone en double hauteur dédiée au coin bureau, tandis que la partie nuit est abritée sous le plancher.

*La pièce engendre des transparences sur les chambres créées au niveau inférieur (*page de gauche, en haut*). Cette conception des combles organise l'espace des chambres en créant dans chacune un volume abrité sous le plateau de cette mezzanine qui est destiné à l'espace nuit (*page de gauche, en bas*) et, côté façade, un volume double hauteur attribué au coin bureau (*ci-dessus*).*

Cette disposition qui optimise les combles en supprimant partiellement ses rampants au profit de parois vitrées génère un espace très ludique dont les enfants raffolent. Comme une cabane perchée au-dessus des chambres, la pièce organise des vues plongeantes sur chacune d'entre elles et, inversement, des échappées vers ce nouveau territoire commun depuis les chambres. Si chaque membre du trio dispose bien maintenant de l'intimité désirée, l'intervention maintient et encourage la possibilité de s'interpeller et de se réunir comme jadis dans le dortoir… Mais également d'inviter les copains, de regarder des films, et évidemment d'organiser des soirées – cette fois sans déranger les parents logés deux niveaux plus bas. Au-delà du besoin formulé de chambres indépendantes, ce projet créant 90 m² dans un budget serré offre aux enfants une maison dans la maison.

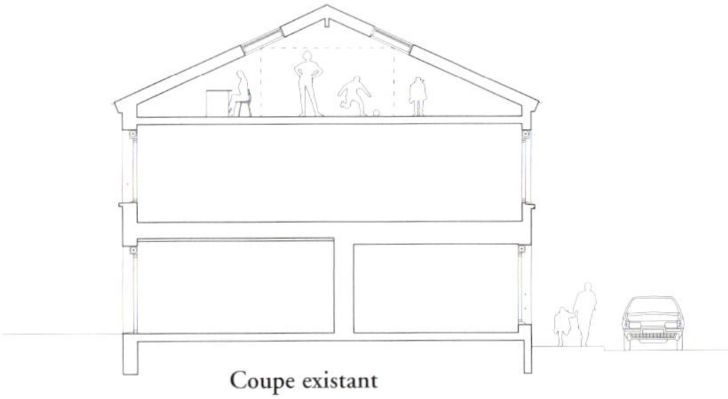

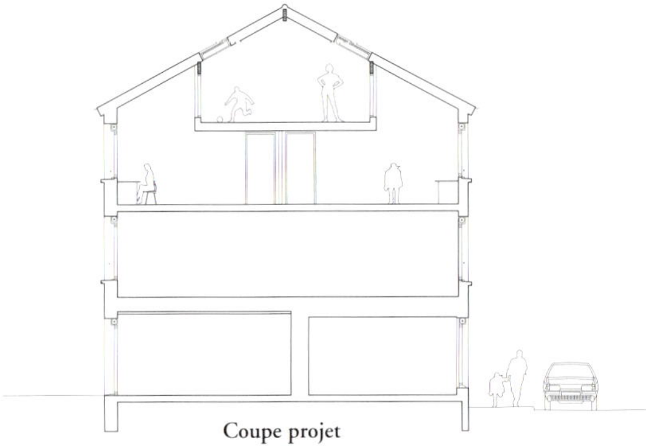

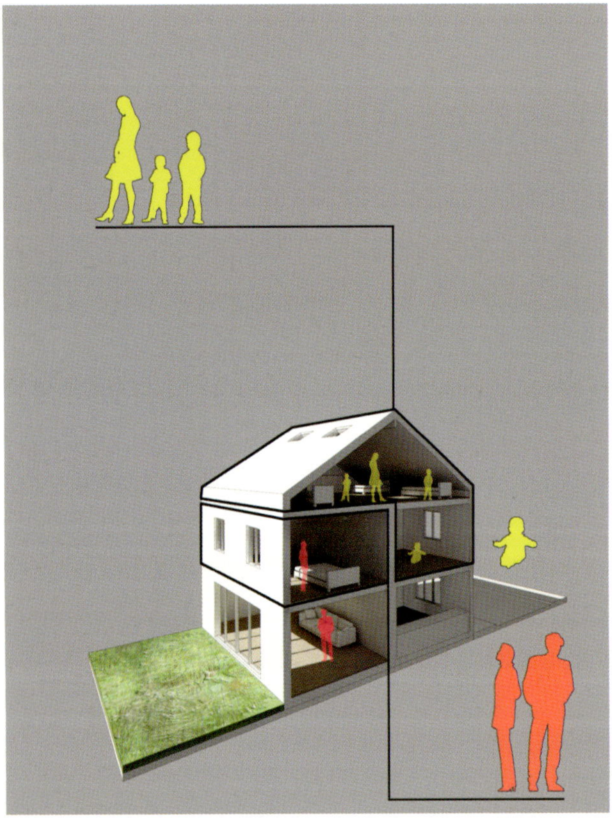

Dans la configuration initiale, les trois aînés se partagent le niveau des combles, le dernier-né occupant la chambre mitoyenne de celle des parents (à gauche). L'extension d'un étage supplémentaire offre trois chambres et une salle de bains aux aînés, volume surmonté d'un niveau de combles commun (à droite). Les parois vitrées du niveau des combles engendrent dans chacune des pièces créées au niveau inférieur une double exposition nord-sud via les châssis en toiture (page suivante, en bas).

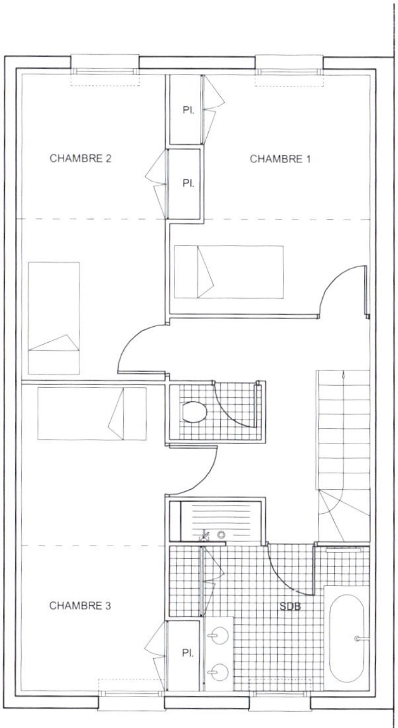

R+2

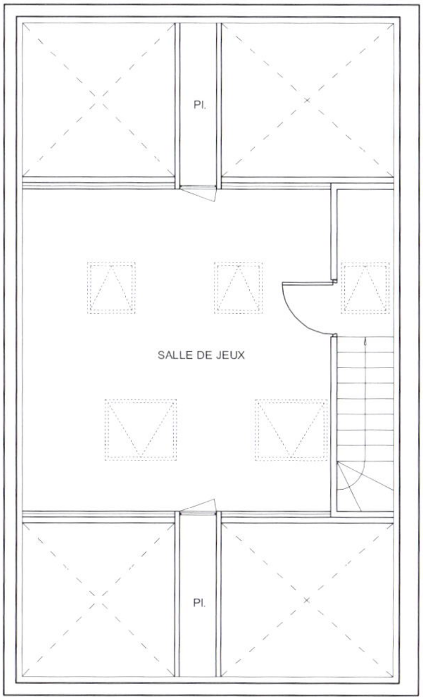

R+3

DESCRIPTIF

- Architectes : Jérôme Vinçon & Arnaud Lacoste - Lode Architecture
- Construction d'origine : début du XXe siècle
- Surface existante : 120 m² (dont 60 m² réhabilités)
- Surface de l'extension : 90 m²
- Coût total (rénovation de l'existant + extension) : 102 607 € TTC (hors honoraires, 15 % du montant des travaux HT)
- Coût de la rénovation de l'existant : 31 507 € TTC (TVA à 5,5 %)
- Coût de l'extension : 87 330 € TTC (TVA à 19,6 %)
- Prix au m² : 525 € TTC (existant), 970 € TTC (extension)
- Chauffage : électrique par convecteurs
- Matériaux utilisés : pannes en lamellé-collé de sapin (charpente), laine de verre 100 mm en parois, isolation multicouche Triso-Super 9 (isolation), tuile mécanique en repose (couverture), plaques de plâtre (plafond), menuiseries extérieures PVC à double vitrage standard, bois sapin (plancher)
- Durée des études : 6 mois
- Durée du chantier : 10 mois
- Localisation : Hauts-de-Seine (92)
- Livraison : mai 2008

- Lot 01 : gros œuvre 32 375 € HT
- Lot 02 : charpente bois 13 070 € HT
- Lot 03 : couverture 15 144 € HT
- Lot 04 : menuiseries extérieures 6 660 € HT
- Lot 05 : électricité 720 € HT
- Lot 06 : menuiseries intérieures 5 050 € HT [Entreprise KOW]

- Total HT : 73 019 €
- TVA 19,6 % : 14 311 €
- Total TTC : 87 330 €

- Non compris dans les marchés : les peintures

Maison Trompette

DATOO ARCHITECTURE

Dans un triste état car inhabité depuis plusieurs dizaines d'années, ce pavillon ouvrier des années 1930 ne paye pas de mine… Lors de la première visite, Tatiana et Yann, qui attendent un enfant, le jugent aussi beaucoup trop petit. Réflexion faite, ils lui trouvent cependant quelques qualités : outre un prix d'achat relativement raisonnable, une situation en première couronne de la banlieue parisienne et un terrain plutôt agréable car sans vis-à-vis et enclavé en seconde ligne d'une rue calme… Considérant ce « potentiel », ils achètent, sans trop savoir d'ailleurs comment ils pourront valoriser leur bien. Pour les travaux indispensables à effectuer, ils ne disposent en effet que d'un budget très limité : 40 000 € environ.

Comment employer cette somme ? A rénover la maison ou à construire une extension ? Après consultation de quelques entreprises et architectes, il apparaît que leur budget restreint n'intéresse personne, quelle que soit d'ailleurs l'option envisagée. Le seul contact à ne pas avoir éteint tout espoir reste encore Marie Coupé et Guillaume Richard, des architectes rencontrés par un ami de la famille. Pour autant, ceux-ci leur ont d'abord suggéré froidement de rafraîchir la maison existante et d'installer un mobil-home dans le jardin ! Mais le couple est revenu à la charge. « La maison existante étant trop petite pour les besoins de la famille, il nous semblait vain de dépenser de l'argent à sa rénovation, expliquent les architectes. Le projet s'est donc élaboré autour d'une extension la plus économique possible : un grand volume brut avec une toiture en bâche, une sorte de chapiteau de cirque. A budget serré, solutions radicales ! »

Pour cette extension, Tatiana et Yann prévoyaient idéalement : « un séjour-cuisine, deux chambres avec une salle de bains, quelque chose de confortable et pratique ». Concrètement, l'intervention s'oriente vers un bâtiment double hauteur (6,50 m au faîtage) à structure métallique et ossature secondaire bois coiffées d'une toiture textile et pas davantage : chauffage, cloisonnement, aménagement, finitions seront réalisées plus tard, en autoconstruction et selon les possibilités financières. En attendant, il est prévu d'abriter chambres et salle de bains chacune dans une « grosse caisse en bois » afin d'assurer l'intimité requise. Mais cette composante « camping » n'enchante pas les maîtres d'ouvrage. Le projet se poursuit dans différentes directions jusqu'à ce que le couple bénéficie d'une rentrée d'argent.

L'extension, implantée en L avec la maison existante, reçoit une bâche imprimée en toiture, un produit résistant et pérenne fréquemment utilisé pour couvrir les installations sportives ou les salles de concert.

Le projet avant travaux : un petit pavillon des années 1930, 60 m² en piteux état.

Le choix constructif est alors repris sans être remis en cause. La forme adoptée, la voûte en demi-berceau, offre un volume intérieur important qui autorise la création de mezzanines dans les chambres de l'étage, de manière à accroître encore la surface de plancher. Enfin ce volume à forte pente se prête aisément à une toiture de bâche. Pourquoi ce matériau ? « Il est costaud, pérenne, indiquent les architectes, nombre de terrains de sport l'utilisent en couverture et son coût est abordable : environ 50 € HT le mètre carré, contre 150 € HT le mètre carré pour le zinc par exemple. Il s'agit aussi d'un produit assez ludique, imprimable donc personnalisable. »

L'extension est implantée latéralement contre le flanc est du bâtiment existant dont l'entrée-cuisine a été détruite. Appuyé aux murs mitoyens de limite de propriété nord et ouest, l'édifice s'ouvre sur la terrasse sud par trois portes-fenêtres standard. Quant à sa façade est, en parpaings, elle est partiellement vitrée toute hauteur. Au rez-de-chaussée, l'espace intérieur définit un vaste séjour en partie double hauteur comprenant cuisine ouverte, salle à manger et salon. Mettant à profit la liberté de plan offerte par la structure métal, les architectes élaborent un volume intérieur sur plusieurs niveaux. Outre un niveau inférieur créé en reliant la cave existante au coin cuisine du séjour pour l'attribuer à une buanderie, on dénombre quatre demi-niveaux supérieurs : le bureau en mezzanine en lieu et place de la cuisine de

Partiellement vitrée toute hauteur, la façade est apporte la lumière du matin à la pièce de vie non cloisonnée. Les deux fenêtres du rez-de-chaussée éclairent et ventilent le coin cuisine et leurs jumelles de l'étage, la chambre 2.

Ci-contre : *angle sud-est. L'extension se développe perpendiculairement à la maison existante créant une terrasse sud protégée. La liaison avec l'existant s'effectue au demi-niveau supérieur par une paroi vitrée épousant la courbe de la voûte.*

En bas : *axe est de la façade sud. Dans les tons brique, la bâche est imprimée de divers motifs : fougères et angelots, danseurs et musiciens en référence à l'activité du maître d'ouvrage, trompettiste.*

© Alain Parinet

© Alain Parinet

la maison existante, le niveau de la salle de bains, le niveau des chambres, et enfin celui de leur mezzanine respective.

L'extension génère une surface de 115 m². Et sa partition accroît notablement l'impression d'espace, notamment parce qu'elle s'accompagne de procédés élaborant plusieurs transparences entre les zones de l'habitation. C'est ainsi que les deux chambres de l'étage bien que voisines ne sont pas mitoyennes, mais séparées par une « faille » ouvrant sur le séjour et, au-delà, sur le jardin et les arbres. Quant au corridor desservant les chambres, il est non seulement laissé toute hauteur, mais aussi décollé des parois. Résultat ? Cette zone de circulation prend des allures de passerelle et l'effet couloir est évité. Dans la même logique, la salle de bains, conçue comme une cabane juchée au plus haut de l'habitation, reçoit une paroi translucide en méthacrylate parme. Celle-ci métamorphose la pièce d'eau en luminaire diffusant une lueur rosée dans l'ensemble de la maison, de jour via le soleil pénétrant par son châssis en toiture comme de nuit par le truchement de son éclairage artificiel.

« Disposer d'un budget limité n'interdit pas de faire de l'architecture, soulignent les concepteurs. Quels que soient les matériaux employés, on s'efforce toujours de créer une certaine complexité, des vides, des transparences, des échappées »… Les idées pallient l'absence de matériaux nobles et dotent l'habitation de caractéristiques qui concourent à élaborer un espace fluide diversifiant les lumières, les vues et les cadrages : paroi vitrée toute hauteur, zone de circulation désenclavée, chambres bénéficiant d'une double source lumineuse, un éclairage zénithal et, selon leur implantation, la lumière du sud ou de l'est. Pour le reste, l'ensemble est livré brut : la chape du rez-de-chaussée, les plaques de plâtre en parois intérieures, les planchers non isolés… Le budget a été judicieusement concentré sur l'essentiel : une grande baie au vitrage à isolation renforcée et un plancher chauffant au rez-de-chaussée.

© Alain Parinet

Ci-contre : *la pièce de vie depuis l'espace salon.*

En bas, à gauche : *au demi-niveau supérieur, affecté à un espace bureau en mezzanine sur le séjour, l'ouverture percée dans le pignon du bâtiment existant mène à la chambre parentale occupant l'étage de la construction ancienne. L'escalier dessert la salle de bains et les deux chambres destinées aux enfants situées dans l'extension.*

A droite : *la paroi de méthacrylate parme de la salle de bains diffuse sur le palier une lumière rosée se propageant jusqu'au séjour au niveau inférieur.*

© Alain Parinet

© Alain Parinet

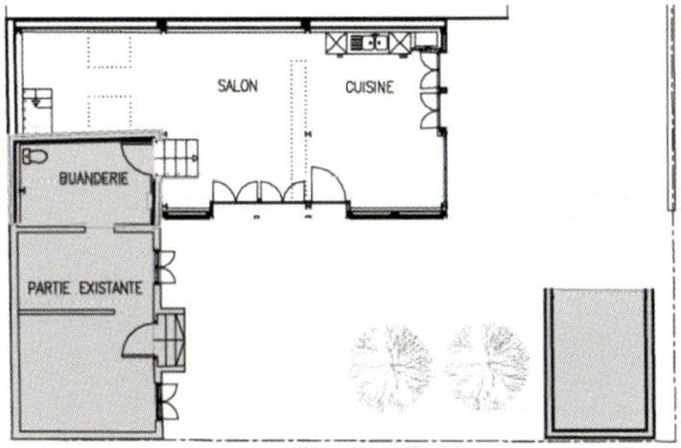

Rez-de-chaussée

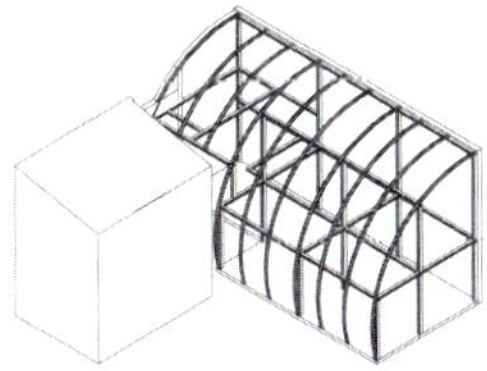

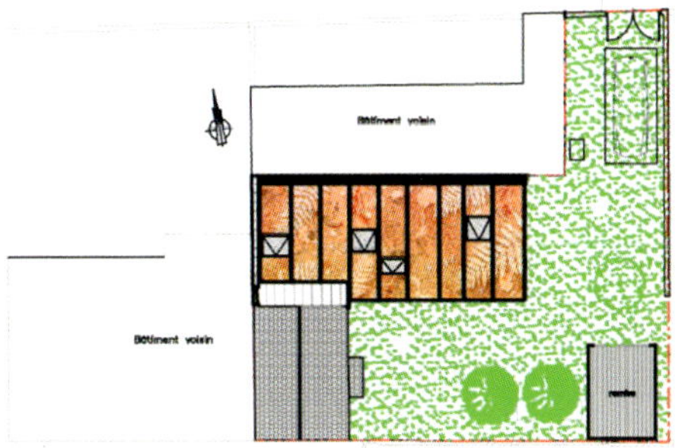

Plan masse

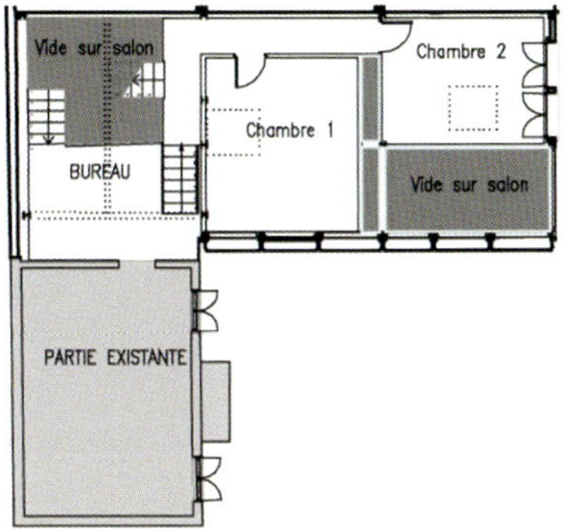

R+1

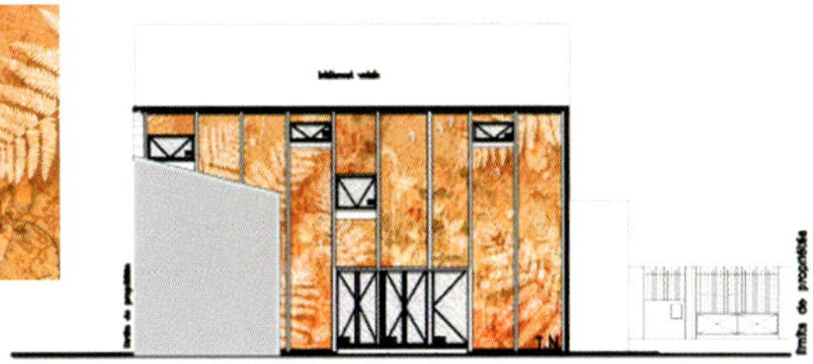
Élévation face

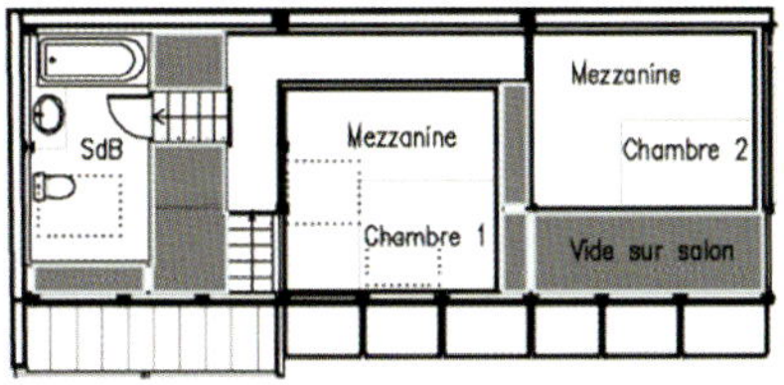

R+2

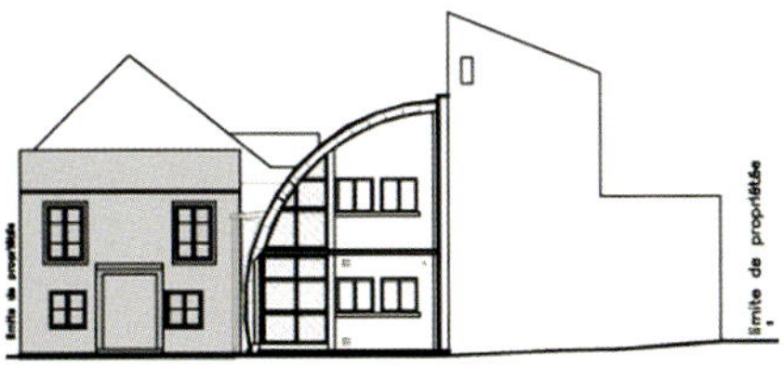

Élévation Est

DESCRIPTIF

- Architectes : Datoo Architecture - Marie Coupé & Guillaume Richard
- Construction d'origine : 1930
- Surface de l'extension : 115 m²
- Coût de l'extension : 120 000 € TTC (hors honoraires)
- Prix au m² : 1 043 € TTC
- Chauffage : chaudière gaz mixte, plancher chauffant au rez-de-chaussée, radiateurs ailleurs
- Matériaux utilisés : béton (dalle), structure métallique doublé bois sur la partie courbe (structure), laine de roche 100 mm en partie basse, laine de roche 100 mm + complément isolant mince en partie haute (isolation), bâche imprimée (étanchéité et revêtement extérieur), plaques de plâtre ou méthacrylate (cloisons intérieures), menuiseries extérieures bois (portes, fenêtres), menuiseries aluminium (baie vitrée) double vitrage peu émissif, lame argon (vitrage)
- Durée des études : 12 mois
- Durée du chantier : 12 mois
- Localisation : Seine-Saint-Denis (93)
- Livraison : 2006

- Lot 01 : démolition, terrassement, fondations, VRD
- Lot 02 : maçonnerie, structure métallique
- Lot 03 : cloison, doublage
- Lot 04 : électricité

- Lot 1 à 4 :
[Entreprise Da Cunha] Total : 70 000 € TTC

- Lot 05 : isolation, structure et revêtement intérieur bois, menuiserie bois
[Entreprise Gero] 19 000 € TTC
- Lot 06 : revêtement extérieur
[Entreprise Comptoir de l'image] 7 000 € TTC
- Lot 07 : plomberie 15 000 € TTC
- Lot 08 : chape sol
[Chape Ile de France] 3 000 € TTC
- Lot 09 : façade vitrée
[Entreprise Liberge] 6 000 € TTC

- Total TTC : 120 000 €

Espaces partagés

BENJAMIN DUBREU

Dans les conversations des deux couples d'amis qui se connaissent de longue date, ont passé des vacances et effectué des voyages ensemble, le souhait de partager une maison revient régulièrement. Puis chacun reprend ses occupations et les années passent, des enfants naissent… Une opportunité se présente en 2005 lorsqu'une mobilité professionnelle devient possible pour l'un des deux couples. Leurs amis travaillant à Strasbourg, décision est prise de chercher dans cette métropole le logement apte à abriter les deux familles : Agnès et Jean-Philippe, Sophie et Benjamin Dubreu, architecte et ingénieur des travaux publics.

Une grande maison avec un jardin ou un bâtiment plus petit disposant d'un grand terrain pour réaliser une extension ? La recherche débute sans a priori, mais avec une exigence ferme sur la localisation : « impérativement en centre-ville, à proximité immédiate des commerces et des transports pour éviter toute dépendance à l'égard de l'automobile ». Quant au mode de cohabitation à adopter, fruit de nombreuses discussions, il a évolué au fil du temps : « Initialement, on pensait à une grande cuisine et une grande bibliothèque partagées, indique Benjamin Dubreu, puis nous nous sommes orientés vers deux logements complets et autonomes, peut-être aussi l'effet de l'âge ! » L'objectif n'est donc pas de vivre en communauté, mais de mutualiser ses capacités financières afin d'en tirer un bénéfice : humain d'abord, mais aussi matériel. Les familles entendent ainsi obtenir davantage que le T 4 dont elles devraient se contenter si elles restaient isolées. C'est ce « plus » qui sera affecté à la collectivité, un jardin et des annexes dont l'usage n'est pas permanent, mais qui confèrent à la vie quotidienne un supplément de confort, des « extensions » du logement qu'elles n'auraient pu s'offrir.

Acquisition est faite au centre de Schiltigheim, agglomération de 30 000 habitants en première couronne au nord de Strasbourg Il s'agit d'une maison de faubourg de 160 m² érigée en R + 2 sur une parcelle de 600 m². Trop petite pour loger les deux familles, elle est réhabilitée en un appartement pour Agnès et Jean-Philippe et leurs deux enfants. Son plan qui se déploie sur 130 m² et deux niveaux distingue l'espace jour – un séjour et salle à manger-cuisine au premier étage –, de l'espace nuit, deux grandes chambres et la salle de bains au second

L'extension est accolée au flanc est de la bâtisse existante (en vert). La structure béton poteaux-poutres qui compose un brise-soleil abritant les baies du rez-de-chaussée de l'extension est surmontée de deux structures légères, l'une en bois abritant la chambre de l'étage et l'autre métallique, support des panneaux de polycarbonate de la serre.

Le projet avant travaux : une maison de faubourg en briques érigée au début du XX*e* *siècle sous une toiture à pan multiples. Ses appentis et annexes ajoutées au fil du temps seront détruits pour profiter de l'entièreté de la parcelle, 600 m² dans un tissu urbain de trame dense.*

En bas : *au rez-de-chaussée, l'extension s'ouvre sur le jardin au sud et à l'ouest par 14 m de baies coulissantes. Les arbres existants sont conservés, ils participent à la thermie du bâtiment en protégeant la façade sud des rayons du soleil d'été.*

étage. Quant au rez-de-chaussée, il est affecté aux zones communes de l'habitation : une entrée pour chaque logement, un atelier de bricolage, une buanderie-chaufferie, l'accès à la cave ainsi qu'une vaste chambre pour recevoir les amis ou parents des uns et des autres.

Concernant l'extension destinée à sa propre famille, Benjamin Dubreu opte pour un mode d'implantation sur le flanc nord de la bâtisse existante, à laquelle s'adossera la nouvelle construction en forme de L. Au diapason de la motivation initiale – « partager » –, le choix porte donc sur un édifice accolé et non dissocié, ce qui dans la configuration de la parcelle était concevable. Mais puisqu'il s'agissait de ménager des usages communs, « il était important que les bâtiments se touchent pour envisager des espaces potentiellement communicants. De plus, procéder de la sorte a permis un positionnement en limite de propriété nord et ouest, meilleure solution pour se protéger du voisinage et créer côté jardin une façade sud largement ouverte pour dégager les vues et profiter des apports gratuits du soleil ».

L'extension qui est édifiée en R + 1 développe le plan suivant : un séjour traversant avec sa cuisine ouverte et deux chambres d'enfants en rez-de-chaussée, la chambre parentale étant située à l'étage. Superficie : 130 m². C'est à ce niveau également qu'est implanté l'élément distinctif du projet, la liaison entre les deux bâtiments : une grande terrasse de 70 m² comportant une serre sur la moitié de sa surface, l'espace supplémentaire partagé selon les vœux de chacun, suffisamment dimensionné pour mettre les deux logements à distance et éviter toute nuisance. Bénéficiant d'un double accès via la salle à manger du bâtiment existant et par la chambre en étage de l'extension, cet espace orienté sud-est et nord-ouest est agréable à plusieurs titres : il procure des vues lointaines par-delà les toitures des constructions avoisinantes et met à profit l'effet de serre pour offrir aux habitants un microclimat particulièrement doux durant les saisons intermédiaires.

A cet étage, où la salle à manger des uns est implantée face à la chambre des autres, le dispositif adopté réussit néanmoins à écarter tout vis-à-vis pour préserver l'intimité de chacun. Dans l'usage, la serre est l'endroit où les enfants peuvent jouer et les adultes se retrouver le temps d'un repas, d'un apéritif ou d'un café. Mais sa position R+1 en premier étage assure également au couple occupant la maison ancienne un accès privilégié à cet espace extérieur contigu de leur pièce de vie.

La serre, élément de liaison entre les deux habitations. Cet espace intermédiaire partagé situé au premier étage est accessible depuis la salle à manger de la maison existante et la chambre parentale de l'extension. D'une surface de 35 m², elle se prolonge au nord par une terrasse de superficie équivalente.

Tout comme leurs amis qui ont accès au jardin depuis leur séjour. Autrement dit, cette liaison qui favorise des situations de partage fonctionne simultanément comme un élément équilibrant les prestations des deux logements.

Simple dans sa typologie, un espace extérieur mitoyen, la serre confère aux logements des qualités d'usage assez sophistiquées sans restreindre pour autant la liberté de chaque famille. Parce que tout évolue et que cette situation n'est pas nécessairement appelée à perdurer *ad vitam*, un règlement de copropriété définissant parties communes et privatives a été élaboré pour faciliter une revente totale ou partielle. A cet égard d'ailleurs, si un tel dispositif ne convenait pas aux nouveaux acquéreurs, les deux logements pourraient retrouver sans gros travaux une autonomie complète. La seule condamnation de la baie de la chambre de l'extension permettrait alors notamment d'attribuer exclusivement la terrasse et la serre aux occupants de la maison ancienne.

C'est bien une précaution zélée à minimiser toute contrainte qui a présidé à l'élaboration de l'extension, attention qui s'exprime aussi dans les choix constructifs s'efforçant de réduire la consommation énergétique. Au rez-de-chaussée opaque sur ses faces nord et est : une maçonnerie constituée de

briques alvéolaires de type Monomur, de forte épaisseur (37,5 cm) et dotée d'une bonne inertie tout comme la dalle béton équipée d'un plancher chauffant. A l'étage : une construction bois abritant la chambre et une structure métallique recevant les panneaux de polycarbonate de la serre, deux ouvrages légers comme deux boîtes dont les volumes dissociés, chacun à double pente, établissent un dialogue avec la toiture de l'existant. Outre les quatre panneaux solaires installés sur l'extension qui fournissent partiellement les deux habitations en eau chaude (65 %) et chauffage (20 %), le parti pris bioclimatique est complété par l'installation d'un puits canadien associé à une VMC simple flux pour maîtriser sans surcoût les déperditions thermiques inhérentes au renouvellement de l'air.

A gauche : *la chambre des parents communiquant avec la serre. Si place poursuivre : est constitué d'un grand volume en structure bois, avec un doublage des rampants en contreplaqué de bouleau naturel.*

Ci-dessus : *le séjour de l'extension (60 m²) est implanté selon un axe nord-sud, sa cuisine ouverte côté jardin.*

En bas : *l'extension profite d'un interstice au cœur d'un quartier dense et composite. L'implantation contre les limites nord et ouest du terrain a permis de préserver le jardin et d'ouvrir les pièces de vie sur cet espace extérieur. Sur le pan sud du volume bois, 6 m² de panneaux solaires thermiques fournissent partiellement les deux habitations en eau chaude et chauffage.*

« Ce projet qui loge deux familles avec enfants dans une parcelle en cœur d'îlot répond à plusieurs des objectifs que l'on pourrait assigner à une politique de l'habitat aujourd'hui », souligne Benjamin Dubreu. Dans un tissu urbain de trame serrée composite de maisons individuelles et d'immeubles collectifs, « il propose un habitat dense, de faible hauteur, préservant des espaces de jardins privatifs, à proximité des transports, des commerces et des services. Et il applique à coût modéré une stratégie de construction respectueuse de l'environnement. »

DESCRIPTIF

- Architecte : Benjamin Dubreu
- Construction d'origine : XIXe siècle
- Surface existante : 137 m²
- Surface de l'extension : 129 m²
- Coût total (réhabilitation de l'existant + extension) : 303 778 € TTC (hors honoraires, environ 5 % du montant des travaux HT : ingénieur structure et suivi des travaux)
- Coût de la réhabilitation de l'existant : 99 616 € TTC (TVA à 5,5 %)
- Coût de l'extension : 204 161 € TTC (TVA à 19,6 %) ; dont coût des espaces et équipements partagés (terrasse, serre, chambre d'amis, solaire…) : environ 64 500 € TTC (TVA à 19,6 % et 5,5 %)
- Prix au m² (espaces partagés compris) : 590 € TTC (existant), 1 061 € TTC (extension)
- Chauffage : partiellement solaire (chauffe-eau et chauffage) complété par chaudière gaz de ville.
- Matériaux utilisés : briques alvéolaires de forte épaisseur, béton (dallage, poteaux et poutres), complexe de plancher Cofradal (bac acier galvanisé, isolant, dallage béton), charpente lamellé-collé, mélèze des Vosges (bardage et terrasse), contreplaqué de bouleau (doublage intérieur), enduit plâtre intérieur, plaques de plâtre (cloisons et faux plafond), menuiseries extérieures aluminium anodisé en double vitrage, finition des sols béton lissé ciré, OSB vitrifié, structure acier galvanisé (serre), plaques de polycarbonate transparente petites ondes
- Durée des études : 10 mois (y compris l'instruction du PC et la consultation des entreprises)
- Durée du chantier : 8 mois
- Localisation : Bas-Rhin (67)
- Livraison : septembre 2006

- Lot 01 A : gros œuvre, démolition
[Entreprise Action Bâtiment] 81 038 € TTC
- Lot 01 B : dallage
[Entreprise Rocland] 7 450 € TTC
- Lot 02 : charpente bois, bardage, escalier
[Entreprise Charpentes Moog] 9 877 € TTC
- Lot 03 : étanchéité, couverture
[Entreprise MC Toiture] 7 919 € TTC
- Lot 04 : menuiserie aluminium
[Entreprise Alsa PVC Alu] 14 463 € TTC
- Lot 05 : plâtrerie, isolation, faïences
[Entreprise Savas] 9 297 € TTC
- Lot 06 : peintures
[Entreprise SIDE] 5 699 € TTC
- Lot 07 : menuiserie bois, mobilier, cuisine
[Entreprise Tendances Bois] 18 918 € TTC
- Lot 08 : plomberie, chauffage gaz et solaire
[Entreprise Centrale du Chauffage] 26 360 € TTC
- Lot 09 : électricité, ventilation
[Entreprise Ischia] 14 002 € TTC
- Lot 10 : serre
[Entreprise Henssler] 9 137 € TTC

- Total TTC : 204 161 €

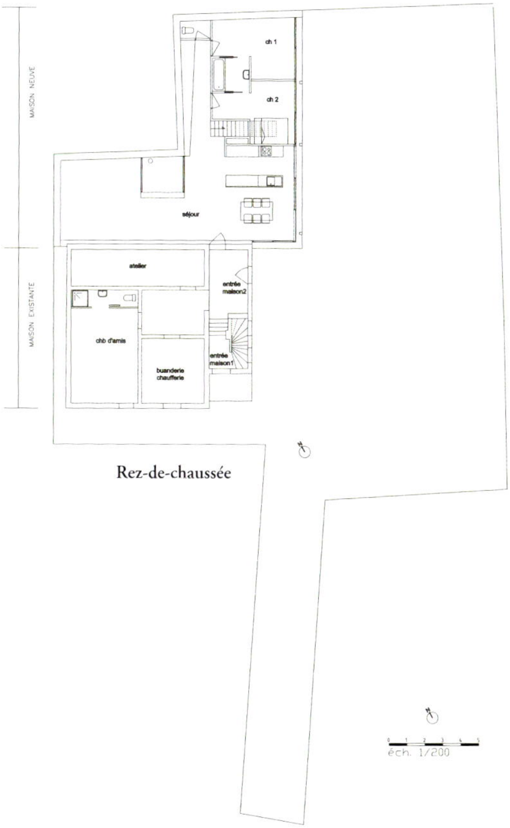

Rez-de-chaussée

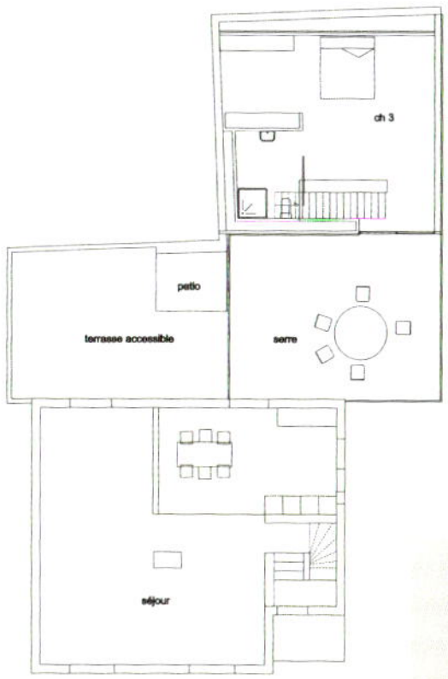

R+1

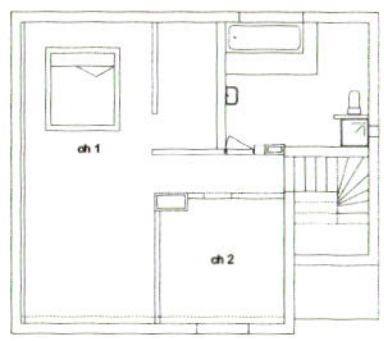

R+2

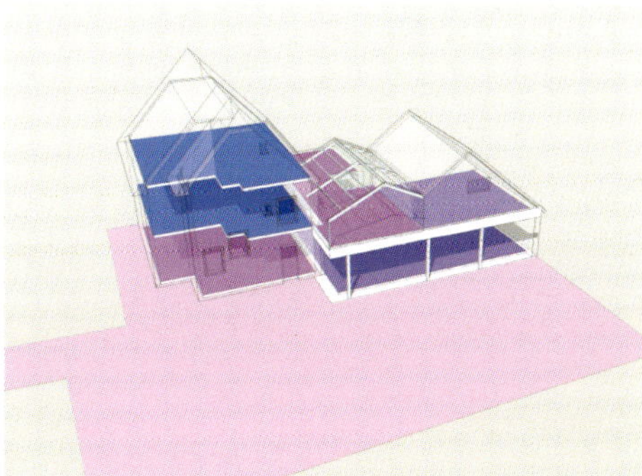

Les différents espaces du projet sont soit des espaces privatifs, chez Jean-Philippe et Agnès (en bleu), chez Sophie et Benjamin Dubreu (en violet), soit des espaces partagés (en rose) : le rez-de-chaussée de la maison ancienne, la terrasse, la serre du 1er étage et le jardin.

Entre-deux

BENOÎT CHAILLEUX

En quête d'une maison « avec travaux », l'architecte Benoît Chailleux trouve son bonheur en visitant deux petits bâtiments érigés sur une parcelle de 230 m². Dénuées de tout confort, ces maisons de pierres crépies édifiées en R + 1 développent une cinquantaine de mètres carrés ; quant à leur terrain, un potager à l'abandon, il est encombré d'appentis en parpaings, mais exposé sud et clos par les murs des jardins mitoyens. Cet ensemble du début du XIXe siècle ne manque pas d'attraits, d'autant plus que son environnement proche est agréable. La parcelle est enclavée en cœur d'îlot, au calme d'un quartier ouvrier composé de rues étroites percées de venelles, un secteur constitué d'ateliers d'artisans et de bâtisses modestes dont les jardinets apportent une respiration dans un tissu urbain de trame dense, à dix minutes du centre-ville de Nantes.

Le bâtiment existant (4,50 m x 3,70 m) implanté côté est comprend une pièce par niveau : un séjour en rez-de-chaussée et une chambre avec salle d'eau à l'étage. Quant au second édifice situé ouest (5 m x 2,70 m), il se résume à une pièce unique, mais double hauteur et pourvue d'une mezzanine. Dix mètres séparent les deux maisons que l'extension envisagée va s'efforcer de relier. Relativement délicate, cette opération devra tenir compte d'un règlement d'urbanisme stipulant « une emprise au sol limitée à 30 % de la surface totale de la parcelle et une hauteur n'excédant pas 3,20 m en limite de propriété ». « Ces contraintes fortes ont modelé le projet, indique l'architecte, puisque construire un bâtiment étroit s'imposait comme l'unique solution. » Dans ce contexte particulier, la démarche adoptée consistera donc à optimiser les limites réglementaires.

Les trois appentis sont détruits afin d'attribuer à l'extension l'entier bénéfice des 30 % autorisés. Depuis le bâtiment est dont la cage d'escalier et la salle d'eau sont supprimées pour accroître la surface utile, trois volumes sont créés. Ils abritent respectivement la cage d'escalier, l'extension du séjour surélevée d'un niveau accueillant une chambre supplémentaire et la liaison avec le bâtiment ouest en rez-de-chaussée. Suivant l'ensemble des obligations du plan d'occupation des sols, le projet adopte une forme assez complexe unifiée par une toiture en panneaux ondulés de fibres-ciment se poursuivant en bardage.

L'extension relie deux bâtiments éloignés par 10 m de distance. Identiques en toiture et façade, ses panneaux de fibres-ciment composent une coque unifiant ses divers volumes. Au rez-de-chaussée, la nouvelle construction agrandit le séjour existant et ouvre cette pièce par une baie vitrée sud toute hauteur de 4,80 m de long instaurant un rapport immédiat avec le jardin.

Ci-contre : *le projet avant travaux. Deux corps de bâtiments en pierres anciennement crépies et trois appentis en parpaings… l'habitation présente un mélange hétéroclite que vient renforcer son jardin potager à l'abandon. 50 m² de la surface habitable seront conservés et 30 m² détruits, dont les appentis.*

Ci-dessous : *l'extension dans l'axe est. L'élément de liaison entre les deux bâtiments est percé à ses extrémités d'un étroit châssis vertical toute hauteur (0,30 m x 2,10 m). Cette circulation desservant la chambre bureau logée dans le bâtiment est reçoit la buanderie, les toilettes et une salle de bains contiguë du bureau. Cette concentration des pièces techniques a évité de cloisonner les pièces des édifices existants.*

Page suivante : *l'espace salle à manger depuis le coin salon du séjour non cloisonné fait face au jardin sud. Il s'ouvre également sur l'ouest par une porte vitrée desservant la terrasse.*

Au rez-de-chaussée, l'extension fonctionne comme une zone de circulation reliant les deux corps de bâtiments. Dilaté à l'est pour agrandir le séjour et le doter d'une cuisine ouverte, cet espace se resserre côté ouest en un corridor rassemblant les pièces techniques. Regrouper ainsi la buanderie, les toilettes et la salle de bains évitait d'avoir à cloisonner les parties existantes. Largement ouvert au sud par une baie coulissante toute hauteur (4,80 m x 2,20 m), le séjour est désormais en liaison directe avec le jardin, y compris sur son angle sud-ouest qui reçoit une porte vitrée (0,80 m x 2,20 m) ouvrant sur le coin repas de la terrasse.

L'extension est en ossature bois, choix qui s'est imposé en raison de l'exiguïté d'accès au chantier, un passage de 1,50 m de large. Cette option associée à l'usage de fibresciment en bardage contribue aussi à distinguer clairement l'ajout du bâti antérieur. La même intention a conduit l'architecte à laisser telles quelles toitures et façades des bâtiments existants, y compris les carreaux de faïence de l'ancienne salle de bains abritée dans un appentis détruit. A l'intérieur, la trace du temps est aussi lisible sur le sol béton du nouveau séjour dont le joint de fractionnement est laissé apparent. Cette construction, qui a permis de doubler la surface utile, a aussi réorienté l'habitation au sud vers l'agréable jardin dont elle ne profitait pas ; l'ombrage d'un cerisier, d'un cognassier et d'un saule évite la surchauffe de la pièce l'été et rafraîchit la terrasse à la belle saison.

Ci-dessus : *Axe ouest du séjour. Au plafond, le rail du rideau occultant la baie vitrée se poursuit vers le salon. Ce dispositif permet d'isoler le coin salon afin de l'utiliser en chambre d'appoint. Clin d'œil à l'histoire du bâtiment, le trajet du rail épouse l'implantation du mur d'origine ouvert pour réaliser l'extension.*

A gauche : *Axe est du séjour. Pour ne pas entraver la zone de circulation, l'escalier est dépourvu de marche de départ. Au deuxième plan à gauche, le hall d'entrée de l'habitation. Privilégiant une palette de coloris variée au rez-de-chaussée comme à l'étage, l'aménagement intérieur contraste avec les teintes minérales du bâtiment.*

Page suivante : *la coque en fibres-ciment permet d'unifier l'extension dont les volumes complexes se déduisent du plan d'occupation des sols. D'est en ouest : la cage d'escalier installant la circulation verticale à l'extérieur du bâtiment existant à l'est, le volume de la chambre créée au-dessus du séjour et enfin la liaison avec le bâtiment existant ouest.*

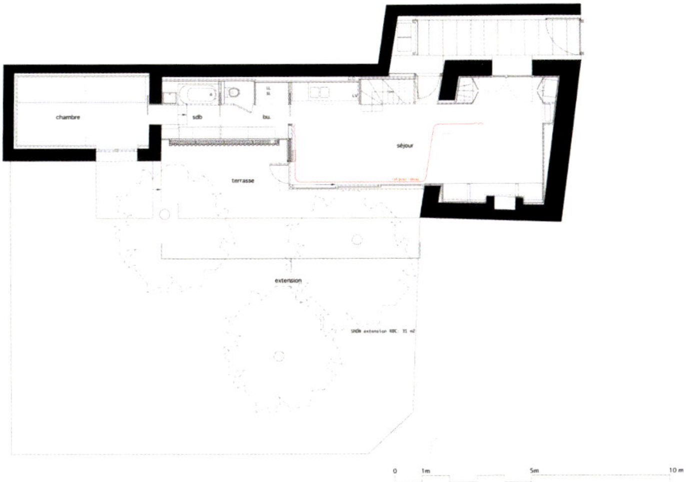

Rez-de-chaussée

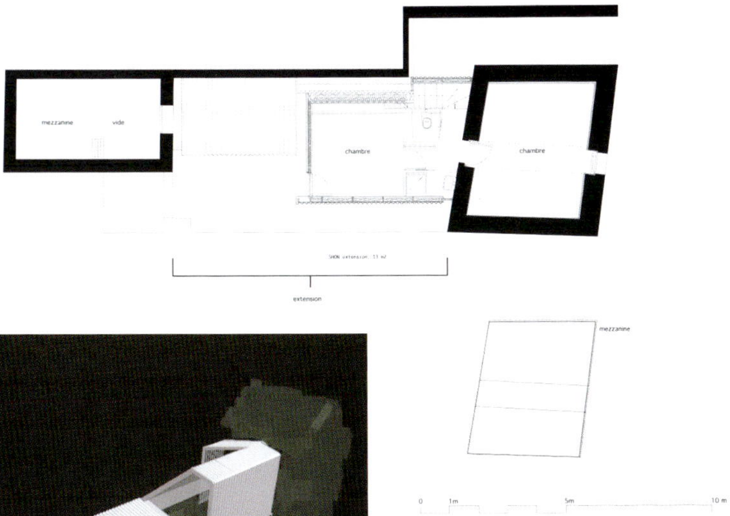

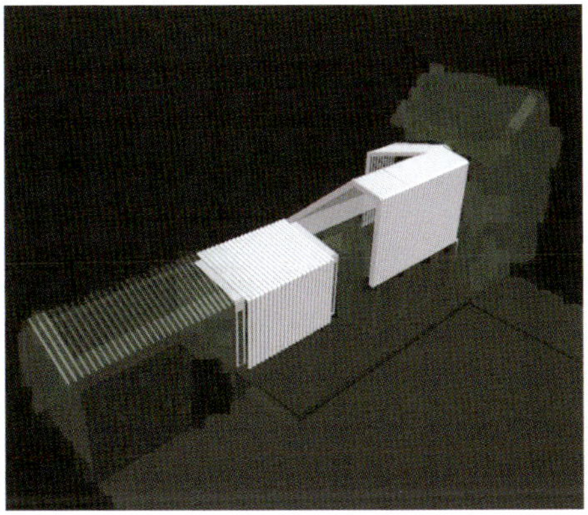

Étage

DESCRIPTIF

- Architecte : Benoît Chailleux
- Construction d'origine : 1830
- Surface existante : 50 m²
- Surface extension : 50 m²
- Coût total (réhabilitation de l'existant + extension) : 71 100 € TTC (hors honoraires)
- Coût de la réhabilitation de l'existant : 19 040 € TTC (TVA à 5,5 %)
- Coût de l'extension : 53 372 € TTC (TVA à 19,6 %)
- Prix au m² : 381 € TTC (existant), 1 067 € TTC (extension)
- Chauffage : central par gaz de ville
- Matériaux utilisés : béton (dalle), sapin Douglas (ossature bois, charpente), laine de verre 100 mm en parois ossature bois, 200 mm en toiture (isolation), panneaux de fibres-ciment Eternit Naturalis (bardage) et Eternit Coloronde (toiture, bardage), plaques de plâtre (plafond), aluminium à double vitrage standard (menuiseries extérieures), chape béton ciré (sol), OSB (plancher étage)
- Durée des études : 4 mois
- Durée du chantier : 7 mois
- Localisation : Loire-Atlantique (44)
- Livraison : fin mars 2003

- Lot 01 : gros œuvre
[Entreprise Bertrand Lochmann] 6 419 € HT
- Lot 02 : charpente bois, couverture, bardage
[Entreprise Richard frères] 9 400 € HT
- Lot 03 : menuiserie aluminium
[Entreprise Richard frères] 7 313 € HT
- Lot 04 : plomberie, chauffage
[Entreprise Joubert] 3 730 € HT
- Lot 05 : électricité
[Entreprise Siela] 2 432 € HT
- Lot 06 : plâtrerie, isolation
[Entreprise Richard frères] 7 609 € HT
- Lot 07 : menuiserie bois
[Entreprise Richard frères] 5 189 € HT
- Lot 08 : béton ciré (extension)
[Entreprise Nibor] 2 534 € HT
- Lot 09 : chemisage
[Entreprise RICF] 1 742 € HT

- Total (extension) HT : 44 626 €
- TVA 19,6 % : 8 746 €
- Total TTC : 53 372 €

- Non compris dans les marchés : la démolition et les peintures

L'échoppe

DUGRAVIER +
SÉMONDÈS ARCHITECTURE

'histoire commence mal. Suite à l'acquisition d'une échoppe bordelaise, les clients s'adressent en direct à un maître d'œuvre pour réaliser une extension… Mais alors que le permis de construire est déposé, ils commencent à douter. Plus ils examinent le projet envisagé, une surélévation totale, prolongation pastiche de l'existant, moins ils sont rassurés : ils ne s'y voient pas… En remettant ses objectifs à plat, le couple conclut que la proposition est inadaptée à leur mode de vie. Il y renonce donc assez brusquement, dédommage l'entreprise, puis s'adresse à l'agence Dugravier + Sémondès qui a réhabilité un garage en habitation pour l'un de leurs collègues.

Le couple espère beaucoup de lumière, des espaces peu cloisonnés, des volumes généreux, voire des doubles hauteurs sous plafond… Bref, une demande a priori peu compatible avec l'achat d'une échoppe, habitat traditionnel bordelais modeste se caractérisant par des volumes de faible ampleur, une luminosité médiocre et une partition intérieure dense. S'efforçant de concilier les contraires, les architectes vont opérer une refonte complète du plan et du volume d'origine par une extension néanmoins très compacte dans l'intention de préserver la singularité de ce type de bâtiment, témoignage significatif de l'histoire locale.

L'option retenue ? Tout d'abord, une surélévation partielle ne concernant que la façade sur jardin, soit exclusivement le pan ouest de la toiture double pente existante. Le procédé permet de laisser telle que la façade rue à l'est, tout en disposant d'un volume supplémentaire suffisant au programme. Le projet se développe donc essentiellement verticalement côté jardin. Ce niveau haut abritera le domaine des enfants – deux chambres, une salle de jeux et une salle d'eau partagée – conformément aux vœux du couple désirant bénéficier d'une démarcation franche entre la chambre parentale et l'espace des enfants avec salle de jeux attenante.

L'intervention s'efforce aussi d'optimiser le volume créé. L'étage est partiellement évidé à l'ouest afin d'obtenir la double hauteur souhaitée dans le salon du rez-de-chaussée. Ce dispositif permet d'organiser une transparence sur le jardin depuis le palier ; il contribue ainsi à désenclaver cette zone de distribution et participe pleinement à l'extension en augmentant la sensation d'espace. La conception de la liaison entre le bâti d'origine et la nouvelle construction via un bandeau vitré côté rue connectant les deux volumes en toiture

Façade est. Côté rue, l'extension, une surélévation partielle sur jardin, s'intègre en douceur, le volume de l'échoppe reste inchangé. En toiture, le bandeau vitré courant sur l'ensemble de la paroi de la nouvelle construction matérialise la liaison entre le volume d'origine et le volume construit.

25

procède de la même intention. Enfin, les pièces de l'étage suivent les rampants de la toiture monopente. L'absence de combles accroît l'ampleur des chambres, ce qui offre l'opportunité d'aménager chacune de ces pièces sur deux niveaux en dépit de leur surface modérée (15 m²) : celui de l'entrée qui reçoit un coin bureau, la partie jour en somme, et, trois marches plus bas, la chambre proprement dite.

Autre caractéristique du projet : il entreprend d'optimiser l'existant. La cave est ainsi habilement intégrée à la surface habitable par une surélévation de plancher et l'implantation d'un escalier dont la trémie assure la circulation de la lumière. Résultat ? Un bureau de 11 m² qui reçoit directement la lumière du jour et peut se ventiler naturellement. Ce choix est aussi mis à profit afin d'animer le plan du rez-de-chaussée. La création du demi-niveau nécessaire pour obtenir une hauteur sous-plafond appropriée à l'espace de travail détermine le dessin de l'escalier.

Cette réalisation où réhabilitation et extension sont étroitement imbriquées met en œuvre une palette de procédés aptes à accroître visuellement l'espace. La chambre parentale du rez-de-chaussée est traitée comme une suite avec salle de bains et dressing attenant. Sauf exception, toutes les ouvertures nouvelles, baies et portes, sont toute hauteur et toute largeur. L'escalier, surdimensionné, joue également un rôle clé dans l'intervention. Il contribue à la fluidité de l'espace par sa composition en deux éléments distincts. Le premier, plot de métal et bois peint, développe une première volée de quatre marches pour organiser un palier intermédiaire unifiant le plancher rehaussé du coin télé qu'il dessert. Quant au second, tout métal, il est dépourvu de contremarche. Ses deux composantes, l'une massive, l'autre aérienne, produisent un effet d'appel qui concourt aussi à faire communiquer rez-de-chaussée et étage, dispositif soutenu par la circulation de la lumière provenant du niveau supérieur.

En raison de sa configuration particulière, l'extension induit ici un éventail important d'actions sur le bâti d'origine. L'opération, qui dépasse largement l'ajout d'un volume supplémentaire, se tricote de paramètres divers dont les percements. D'où une intervention qui livre une réponse possible à la question suivante : comment réhabiliter et s'étendre sans altérer la spécificité du bâtiment existant ? Peut-être en évitant de trop se disperser spatialement…

Ci-dessus : *Le projet avant travaux. Façade est sur rue : une échoppe de plain-pied de 80 m² sous toiture double pente avec combles perdus. A l'ouest, côté jardin, la façade existante constituée d'ajouts intemporels n'offre à l'habitation qu'une relation médiocre avec l'espace extérieur, ses deux fenêtres éclairent la cuisine.*

Page de droite : *Discrète côté rue, l'intervention métamorphose la façade ouest de l'échoppe. La surélévation côté jardin crée l'étage des enfants. Seul l'arbre est conservé. Les arbustes sont supprimés afin de faire circuler la lumière dans l'habitation et dégager les vues des pièces du rez-de-chaussée : la chambre parentale implantée côté nord (à gauche) et le séjour (à droite) qui s'ouvre sur le jardin par une baie coulissante toute hauteur par laquelle on distingue une vue traversante sur l'ensemble de l'habitation.*

En haut, à gauche : *le séjour depuis l'espace repas au-delà duquel il devient partiellement double hauteur.*

A droite : *le palier de l'étage des enfants s'ouvre en mezzanine sur le séjour en bénéficiant d'une vue traversante sur le jardin.*

En bas : *l'escalier soutient la nouvelle distribution du rez-de-chaussée écartant la chambre parentale du séjour traversant et sa cuisine ouverte. Sa première volée de quatre marches dessert, à droite, le coin télé au plancher surélevé.*

DESCRIPTIF

- Architectes : Vincent Dugravier & Renaud Sémondès
- Construction d'origine : XIXᵉ siècle
- Surface existante : 113 m²
- Surface extension : 63 m²
- Coût total (réhabilitation de l'existant + extension) : 171 257 € TTC (hors honoraires)
- Coût de la réhabilitation de l'existant : 98 868 € TTC (TVA à 5,5 %)
- Coût de l'extension : 72 389 € TTC (TVA à 19,6 %)
- Prix au m² : 875 € TTC (existant), 1 149 € TTC (extension)
- Chauffage : gaz, chaudière à condensation
- Matériaux utilisés : béton (dallage, plancher hourdis), parpaings plein et enduit (mur extérieur), plaques de plâtre (cloisons et faux plafond), plancher en pin lazuré, menuiseries extérieures aluminium thermolaqué en double vitrage SP 10, finition des sols béton par une résine de teinte grise, escalier en tôle d'acier perforé cirée et vernie
- Durée des études : 8 mois, y compris l'instruction du permis de construire
- Durée du chantier : 6 mois
- Localisation : Gironde (33)
- Livraison : 2007

- Lot 01 : gros œuvre, démolition [Entreprise SECMA] 37 682 € HT
- Lot 02 : charpente, couverture, plancher bois et mobilier [Entreprise Mathelié] 19 537 € HT
- Lot 03 : menuiserie aluminium [Entreprise Miroiterie Lafosse] 14 453 € HT
- Lot 04 : plâtrerie, isolation [Entreprise Mottard] 23 942 € HT
- Lot 05 : menuiserie bois [Entreprise Mathelié] 4 561 € HT
- Lot 06 : plomberie, chauffage [Entreprise Sani-Therm] 15 000 € HT
- Lot 07 : électricité [Entreprise Chamouleau] 11 258 € HT
- Lot 08 : sols béton, résine [Entreprise SCAS] 12 522 € HT
- Lot 09 : occultation [Entreprise Stores Gironde] 2 629 € HT
- Lot 10 : zinguerie [Entreprise Ouiller] 4 056 € HT
- Lot 11 : serrurerie [Entreprise Horizon Métal] 8 600 € HT

- Total HT 5,5 % : 93 714 €
- Total HT 19,6 % : 60 526 €
- TVA (5,5 % + 19,6 %) : 17 017 €
- Total TTC : 171 257 €

- Non compris dans les marchés : la piscine, le mobilier de cuisine, la peinture et le carrelage

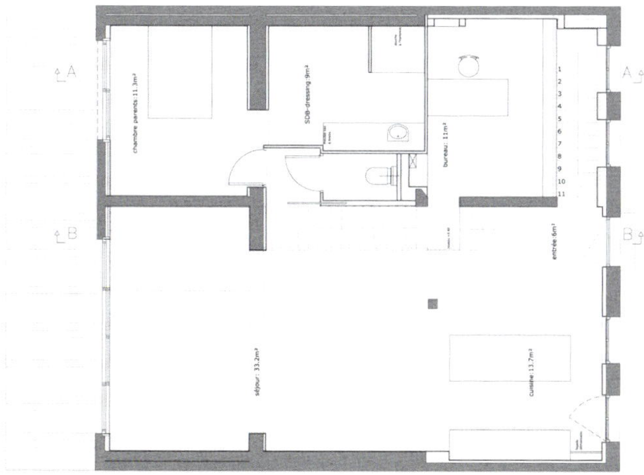

Rez-de-chaussée

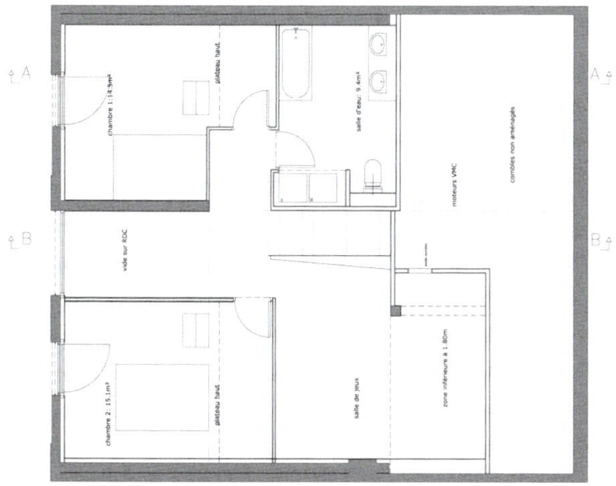

Étage

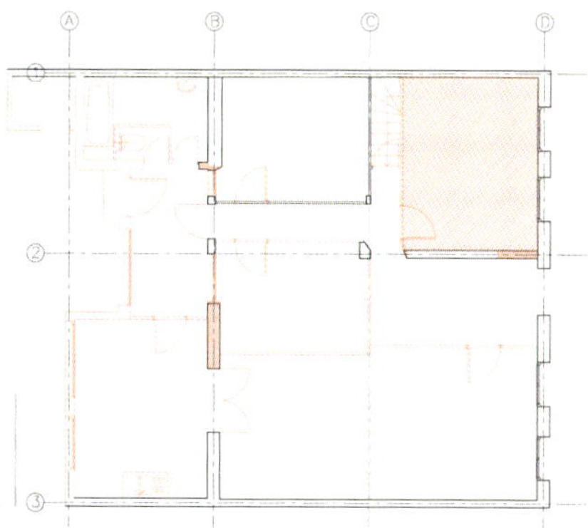

Plan de démolition

Trait d'union

SYLVAIN MENAUD

Bâtie en 1935 pour un peintre et son épouse, cette maison des environs d'Agen, qui fut baptisée « Frou-Frou » par ses premiers occupants, atteste d'un profond désir de s'enivrer d'un paysage peu banal, en l'occurrence un superbe vallon qu'elle surplombe en dégageant des vues lointaines sur 180°. Inspirant une villa de bord de mer, le bâtiment, en moellons de la région, est attachant par ses chaînages de briques, ses boiseries intérieures et son terrain en dénivelé abrupt. Ce dernier a conservé son aménagement d'origine en jardin à l'anglaise, ici traversé par les nombreux murs de soutènement qui préviennent l'érosion et composent autant de parterres buissonnés plantés de tilleuls, de longues et étroites terrasses étagées jusqu'à la falaise en limite haute de propriété avec ses grottes et son terrain de criquet. Percé d'escaliers et sillonné de raidillons empierrés, ce vaste ensemble harmonieux force l'admiration. Coup de foudre : l'expression n'est pas excessive pour décrire le ravissement éprouvé par David et Sylvie, ses actuels propriétaires ayant succombé aux charmes de « Frou-Frou » dès la première visite.

Cinq années passent, puis ils se rendent à l'évidence : la villa qu'ils ont acquise pour résidence principale s'avère trop petite pour la famille. Les 100 m² de surface habitable sur trois niveaux présentent plusieurs inconvénients : les pièces de jour au rez-de-chaussée sont de dimensions insuffisantes pour recevoir confortablement des amis ; la cuisine manque de lumière et de convivialité ; les pièces de nuit, enroulées autour de la grande cage d'escalier, semblent d'autant plus étriquées qu'elles sont très cloisonnées. Une extension est donc décidée, une cinquantaine de m² pour créer un bureau-atelier, bénéficier d'une chambre supplémentaire et éventuellement accroître l'espace réception. C'est ce projet qu'ils évoquent avec l'architecte Sylvain Menaud, non sans questionnements : est-il possible de construire sur ce terrain pentu avec un budget raisonnable ? Et d'ailleurs comment procéder pour ne pas dénaturer un site qu'ils adorent ?

L'architecte se souvient : « Le couple était sensible au respect du lieu au point de se résoudre à vendre la maison à contrecœur si aucune solution satisfaisante ne s'imposait. Mais celle-ci est apparue assez naturellement, en sortant la table de la salle à manger pour l'installer dans le jardin, là où la vue était agréable et une nouvelle circulation envisageable.

Façade sud. L'extension se développe de plain-pied perpendiculairement à la maison existante à partir de son pignon nord. Elle se présente comme un long parallélépipède (23 m x 5 m) orienté selon un axe est-ouest accueillant un vaste séjour (80 m²) prolongé d'une suite parentale (34 m²).

© David Pradel

A gauche : *la terrasse médiane du jardin avant et pendant les travaux : le projet annexe le mur de soutènement et l'escalier à l'habitation afin de connecter le nouveau séjour à la terrasse supérieure profitant d'une vue dominante. Pour réduire la manutention sur ce site d'accès difficile, la toiture est constituée de fers de faibles dimensions espacés de 1,50 m chacun portant le bac acier et son étanchéité*

© David Pradel

Ci-dessus : *depuis l'espace cuisine, le séjour dans son axe est, une surface généreuse qui se traverse comme on traversait le jardin. On distingue ici la trémie de l'escalier existant.*

Ci-contre : *au sud, les 17 m de baies vitrées coulissantes ouvrent l'habitation sur le vallon qu'elle surplombe.*

Une fois cet endroit déterminé, il restait à l'abriter : lui donner un toit et concevoir une façade qui préserve la vue sans défigurer l'environnement. » C'est donc sur la terrasse médiane du terrain que l'extension sera érigée, prolongeant le pignon est du bâtiment existant. Cette plate-forme longée par un mur de soutènement flanqué d'une jardinière sur toute sa dimension (30 m) est percée en son centre d'un escalier reliant une terrasse supérieure, un lieu peu fréquenté en raison de son relatif éloignement de la maison, mais un espace cependant très apprécié par la famille en raison de sa situation dominante et de l'ombrage que lui procure un chêne centenaire… Compte tenu notamment de son implantation, il apparaît aussi que l'extension devra alors être prolongée de plus de 10 m, ce qui revient à doubler la surface à vivre prévue initialement.

Par une démarche économique appropriée en amont (rationalisation et simplification formelle du projet, emploi de système industriel), cette augmentation de 100 % de la surface, n'accroît que de 25 % le budget du couple. Le procédé est profitable : il permet de recentrer la maison sur son terrain et de la doter d'un accès direct à la très agréable terrasse supérieure. Cette option, qui apporte quelque 50 m² supplémentaires « imprévus », prodigue aux nouvelles pièces une abondance d'espace : un séjour de 80 m² se poursuivant à l'est d'une suite parentale de 35 m². Bâtir sur la quasi-totalité de la terrasse médiane soutient également l'objectif d'« habiter le jardin », l'ampleur de la surface favorisant une relation fluide avec l'espace extérieur.

« Plus la surface est importante, moins on porte d'attention aux détails, souligne Sylvain Menaud. La circulation vers l'extérieur s'effectue plus librement, sans crainte de "salir" ; on devient moins "précieux". » Cette caractéristique venait appuyer le projet dont la singularité consiste à intégrer tel que le mur de moellons et sa jardinière au nouveau volume. « Annexer des éléments extérieurs à l'habitation n'est pas anodin ; d'inévitables échanges se produisent, en termes d'hygrométrie et de thermie notamment. Il fallait évaluer et profiter de l'incidence possible de cette paroi formant toute la face nord de l'extension. » L'ingénieur consulté confirme que l'opération améliorera le confort du bâtiment, le mur fonctionnant comme un échangeur géothermique rafraîchissant la maison l'été et la préchauffant en hiver.

En haut : *la terrasse supérieure aménagée sous le chêne. En toiture, le châssis vitré commandant l'ouverture de la trémie de l'escalier.*

En bas : *axe ouest du séjour. Sol béton et plafond en planches de sapin du Nord non rabotées : les matériaux utilisés restent simples.*

L'extension se présente comme un étroit parallélépipède (23 m x 5 m) adossé au mur de soutènement côté nord et très largement ouvert sur le jardin au sud par 17 m de baies coulissantes toute hauteur. La liaison avec l'existant s'opère via son pignon nord aveugle, percé pour communiquer avec le petit salon et le séjour d'origine. Une unique cloison, partiellement vitrée, sépare l'espace construit en deux parties inégales : la suite parentale implantée à l'est avec sa salle de bains et son dressing ouverts, et le vaste séjour dont la cuisine est logée contre le pignon est de la villa. Ossature métallique, toiture bac acier, planche de sapin non raboté en sous-face, menuiserie aluminium à double vitrage standard : les matériaux utilisés restent simples.

A l'intérieur, l'impression d'habiter le jardin, intention initiale, domine ; le mur de soutènement est conservé avec ses mousses, idem pour la jardinière, surface plantée de 20 m x 0,70 m, soit 14 m²… Elle compose

© David Pradel

© David Pradel

un jardin intérieur qui file sur toute la dimension du bâtiment traversant la chambre puis la salle de bains pour se poursuivre au dehors. Depuis la route en contrebas, ce volume de plain-pied se distingue à peine. L'ensemble qui fait corps avec le terrain sans le perturber témoigne d'une attention zélée à un site qui le méritait amplement. Cette extension quelque peu surdimensionnée par rapport aux besoins formulés métamorphose le mode de vie de la famille qui bénéficie désormais d'une vaste pièce à vivre instaurant un rapport frontal avec le paysage. Réorientant sobrement le cœur de l'habitation sur les qualités les plus remarquables du lieu, le projet établit un délicat trait d'union avec le terrain et son environnement, l'accolade que l'octogénaire « Frou-Frou » n'avait pas osé envisager.

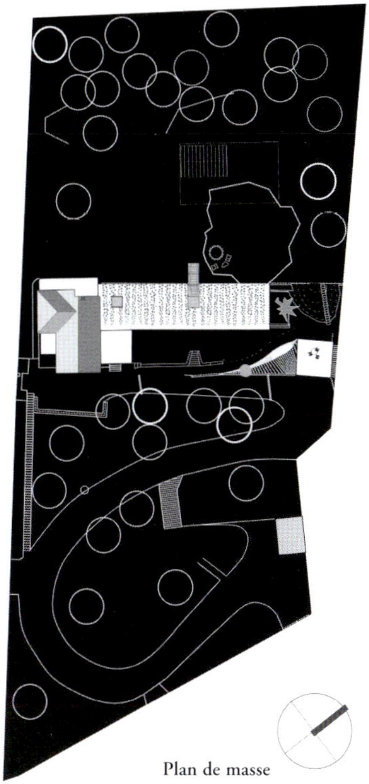

Plan de masse

DESCRIPTIF

- Architecte : Sylvain Menaud
- Construction d'origine : 1935
- Surface existante : 105 m²
- Surface extension : 114 m²
- Coût total (travaux sur existant + aménagements + extension) : 197 967,06 € TTC (hors honoraires, non communiqué)
- Coût de l'extension : 135 763 € TTC (TVA à 19,6 %)
- Prix au m² de l'extension : 1 190 €
- Chauffage : par chaudière à condensation et radiateurs plinthes
- Matériaux utilisés : profilés métalliques galvanisés (structure), isolant minéral 140 mm sur bac acier avec étanchéité surfacée aluminium (couverture), planches de sapin du Nord non rabotées (plafond), châssis coulissants aluminium anodisé naturel (menuiseries extérieures), béton bouchardé avec résine de finition (sol), panneaux en pin douglas (volets extérieurs)
- Durée des études : 18 mois
- Durée du chantier : 12 mois
- Localisation : Foulayronnes, Lot-et-Garonne (47)
- Livraison : 2007

- Lot 01 : gros œuvre, démolition
[Entreprise Baudry] 38 390 € HT
- Lot 02 : charpente métallique, couverture-étanchéité, serrurerie
[Entreprise Troisel] 38 887 € HT
- Lot 03 : menuiserie aluminium
[Entreprise M2M] 7 989 € HT
- Lot 04 : chauffage, plomberie, sanitaires, eau chaude solaire
[Entreprise SDEC] 8 765 € HT
- Lot 05 : électricité
[Entreprise SDEC] 4 278 € HT
- Lot 06 : plâtrerie, isolation
[Entreprise Moretti] 2 322 € HT
- Lot 07 : menuiserie bois
[Entreprise Tersou] 8 421 € HT
- Lot 08 : carrelage
[Entreprise Agen Carrelage] 1 849 € HT
- Lot 09 : sol résine
[Entreprise Castillo] 1 819 € HT

- Total (extension) HT : 113 514 €
- TVA 5,5 % et 19,6 % : 22 248 €
- Total TTC : 135 763 €

- Travaux sur existant : 28 998 € TTC
- Extérieurs : 19 106 € TTC
- Mobilier d'agencement (cuisine et chambre) : 14 099 € TTC

- Total TTC : 197 967 € TTC

- Non compris dans les marchés : les volets en bois, les peintures intérieures et extérieures

Page précédente, en haut : *Les volets jouent aussi un rôle de brise-soleil. Constitués de quatre panneaux de 4 m x 3 m, chacun monté sur rail, ils coulissent indépendamment les uns des autres, ce qui autorise à occulter aisément la trame souhaitée. Leurs percements en forme de trou de serrure sont un clin d'œil aux coquetteries ornant la villa Frou-Frou. Par temps ensoleillé, ces jours constellent le sol de pastilles de lumière et la pièce principale continue de bénéficier d'une lumière naturelle agréable provenant des ouvertures en toiture.*

En bas : *Les deux parois vitrées en partie gauche de la chambre créent une vue traversante sur l'ensemble de la terrasse. Le mur de soutènement et sa jardinière existante (en cours de plantation) sont laissés tels que. Cette paroi de moellons traverse l'extension sur toute sa longueur pour se poursuivre à l'extérieur jusqu'en limite de propriété à l'est.*

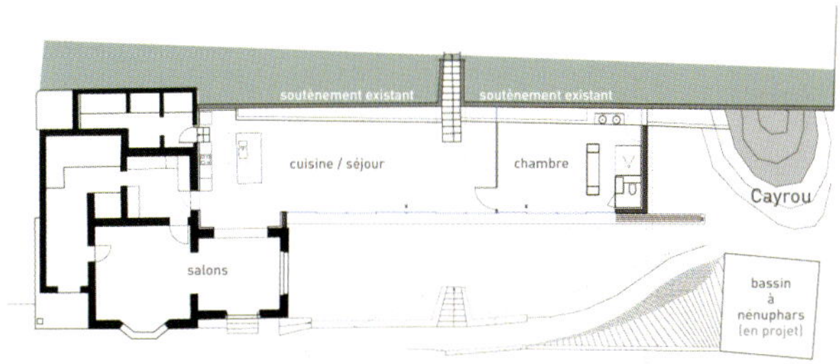

Rez-de-chaussée

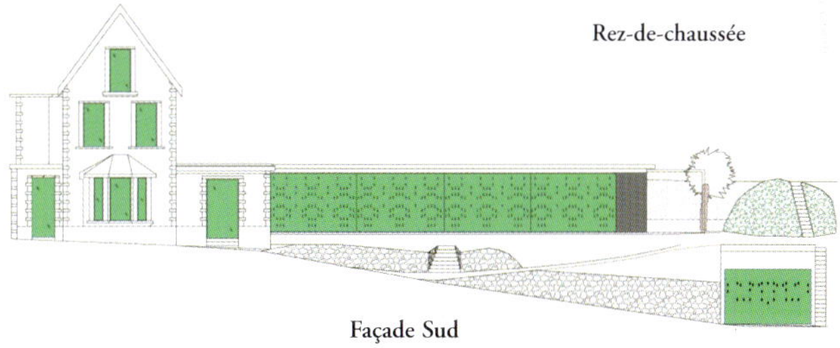

Façade Sud

Objet non identifié en secteur sauvegardé

MAURO VENEZIANO

l est petit et situé sur l'un des carrefours les plus embouteillés de la ville… Le deux pièces acquis par Nicolas à Aix n'a rien d'exceptionnel sinon qu'il bénéficie d'un accès direct au toit terrasse de l'immeuble dont il a la jouissance pour moitié, l'autre partie étant attribuée à l'appartement voisin. Telle qu'elle se présente, cette terrasse brute simplement étanchée n'est guère utilisable et c'est pourquoi il envisage immédiatement d'y créer « une sorte de véranda » prolongée d'une terrasse. C'est avec ce projet qu'il interroge un jeune architecte qui vient tout juste d'ouvrir son agence dans la ville. Mauro Veneziano, qui rencontre ainsi son premier client, accueille ce chantier modeste avec d'autant plus d'enthousiasme qu'il est convenu de concevoir une surélévation contemporaine la plus cohérente possible avec l'immeuble existant.

Le bâtiment érigé sur trois étages au XIXe siècle en bordure de ce qui est devenu le boulevard de ceinture – un environnement rude parcouru par une noria de bus – ne possède aucune caractéristique remarquable. La suppression antérieure de sa toiture traditionnelle en tuiles au profit de la toiture-terrasse n'a d'ailleurs guère amendé son aspect, l'immeuble se trouvant désormais couronné d'un grossier garde-corps métallique blanc. Pour autant, du fait d'une situation en lisière du centre historique de la ville, nous sommes ici en « secteur sauvegardé », zone soumise à une réglementation particulière sous la tutelle administrative de l'architecte des Bâtiments de France.

Dans ce contexte, le dialogue qui se noue entre Mauro Veneziano et l'autorité responsable de la préservation du site s'oriente rapidement sur une réflexion relative à la mission patrimoniale. En raison du faible intérêt du bâtiment, il paraît à chacun non avenu de le prendre pour modèle puisqu'en l'occurrence se fondre dans l'existant ne ferait en somme qu'ajouter à sa médiocrité. L'option d'une construction s'inscrivant délibérément en rupture s'impose alors naturellement pourvu qu'une cohérence se détache de l'ensemble. Il semble judicieux de détruire l'affreux garde-corps défigurant l'immeuble pour retrouver son couronnement d'origine en tuiles afin d'y accrocher la véranda envisagée.

Sur le toit-terrasse d'un immeuble collectif, la surélévation connectée à un petit deux pièces situé à l'étage inférieur lui offre un nouveau séjour de surface certes modeste – 19 m² –, mais vitré sur ses quatre orientations, prolongé d'une terrasse de 15 m² et bénéficiant d'une vue unique sur la ville.

© Patrice Terraz

© Patrice Terraz

Ci-dessus : *l'immeuble avant travaux : un bâtiment anodin, partiellement couronné d'un garde-corps métallique basique.*

Ci-contre, en haut : *cette façade sud de la surélévation cadre le massif de la Sainte-Victoire alors que sa façade nord est orientée vers le centre historique de la ville.*

© Patrice Terraz

© Patrice Terraz

De forme simple, le projet, vitré sur ses quatre orientations, s'attache à tirer un parti maximum des vues lointaines que lui procure sa situation. D'où son toit à pente inversée qu'on pourrait considérer comme une provocation, mais qui résulte surtout du souhait d'ouvrir largement les façades sur un paysage peu banal : au sud qui dévoile le massif de la Sainte-Victoire, au nord orienté vers le centre historique de la cité d'où émerge le clocher gothique de l'église Saint-Jean-de-Malte. L'ouvrage offre un étonnant panorama sur la ville, une vue dominante et un espace extérieur uniques nimbés d'une qualité de lumière peu banale elle aussi, riche de nuances du levant au couchant. La pièce, 19 m², est logiquement devenue la plus fréquentée de l'appartement, pour lire ou dîner, hiver comme été puisqu'elle est dotée d'une terrasse la prolongeant de 15 m² à l'ouest.

© Patrice Terraz

Page de gauche, en bas : *en rupture avec l'architecture locale, la pente inversée du toit répond au désir d'ouvrir largement les façades pour profiter au maximum des vues dominantes. On peut noter que le nouveau couronnement de l'immeuble, en tuiles, remplace avantageusement le garde-corps de l'ancienne toiture-terrasse.*

La surélévation adopte une structure métallique dont les éléments ont été grutés sur le toit puis assemblés sur place. L'assise de la construction est assurée par des profilés métalliques reposant sur les murs porteurs de l'immeuble. Seule composante « luxueuse » du projet, le choix des bandeaux de toiture en acier Cor-ten souligne la silhouette de l'ouvrage à pente inversée. Ce matériau autopatiné par corrosion superficielle est souvent employé par les architectes et les sculpteurs pour ses qualités d'aspect, son coloris évoluant avec le temps.

© Patrice Terraz

C'est peu dire que le maître d'ouvrage est enchanté de cette surélévation qui, bien au-delà de la surface supplémentaire obtenue, transfigure radicalement son deux pièces. Hélas, à peine construits, ces quelques mètres carrés juchés en toiture ont fait illico les choux gras de la presse locale. Rapportant l'incompréhension d'une partie du voisinage, celle-ci s'empresse de fustiger « le langage résolument contemporain » de « la véranda qui fait tache ». D'où une authentique tempête dans un verre d'eau émaillée de regrets d'élus contrits d'avoir suivi l'avis favorable de l'architecte des Bâtiments de France… Et durant quelques mois un débat s'amorce sur la politique à adopter en secteur sauvegardé : doit-on, ou non, tout y figer, y compris la médiocrité ? Qu'est-ce que rendre hommage au patrimoine d'une ville ? Le momifier ou lui insuffler de nouvelles énergies ? A partir de quand le respect dû à l'existant sombre-t-il du fécond vers le stérile ? Autant de questions qui inspirent cette réflexion à Mauro Veneziano : « Le dilemme aixois entre ville-musée fossilisée et ville-patrimoine vivante s'est trouvé réactivé. Ce qui a dérangé, ce ne sont pas tant les matériaux utilisés que l'aspect formel d'un projet ne correspondant pas à l'image que les "gens d'ici" se font de l'architecture en Provence. Or, cette image – véhiculée par le marché immobilier "grand public" des promoteurs de lotissements – n'émane en rien de l'architecture caractérisant la ville à quelque période historique que ce soit. Dans la région, même les stations d'épurations se vantent de leurs allures de bastides ! »

Et l'architecte de conclure : « Le projet ne réclame aucun rôle de "modèle" d'architecture, il n'a pas la prétention de faire évoluer le "goût" du promeneur ; il exprime simplement un besoin de diversité, de liberté, un nouveau mode de vie, plus contemporain, un désir qui témoigne d'un geste d'amour envers une vieille ville méritant davantage qu'une pétrification. La cité historique a toujours su se ressourcer par les apports successifs des époques qu'elle a traversées : pourquoi écarter les contributions d'aujourd'hui ? »

« La surélévation est utilisée comme salon indique le commanditaire. En été, l'isolation du toit, son débord généreux et la ventilation traversante naturelle efficace que procurent les baies coulissantes rendent la pièce plus fraîche que la terrasse. L'hiver : le soleil bas qui tape sur le vitrage produit une douce chaleur. »

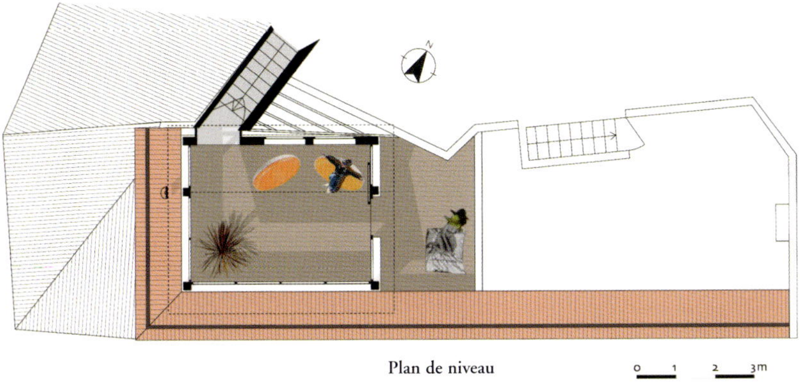

Plan de niveau

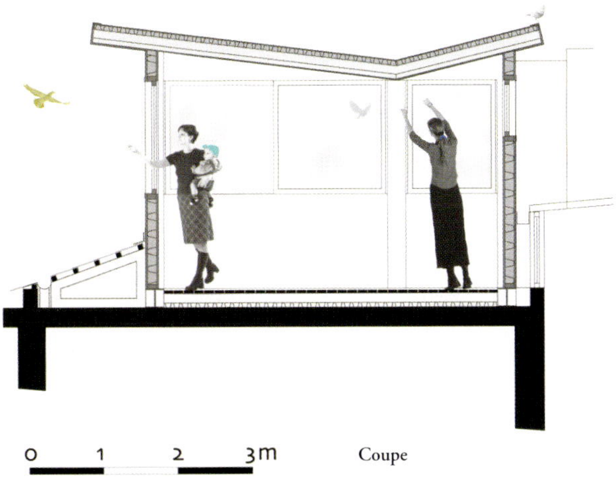

Coupe

DESCRIPTIF

- Architecte : Mauro Veneziano
- Bureau d'études techniques structure (interface existant-véranda) : CESBA
- Construction d'origine : XIXe siècle
- Surface de l'extension : 19 m² (véranda) + 15 m² (terrasse)
- Coût de l'extension : 40 664 € TTC, valeur 2003 (hors honoraires, 12 % du montant des travaux HT)
- Prix au m² : 1 196 € TTC (terrasse comprise)
- Chauffage : électrique par panneaux radiants
- Matériaux utilisés : 4 IPE de support (structure métallique d'interface entre l'existant et la véranda), 6 poteaux de section carrée (structure métallique verticale), profilés métalliques (structure de la couverture), tôle prélaquée double face avec isolant thermique et phonique intégré (remplissage façades et couverture), aluminium peint RAL 7015 (menuiseries), zinc (descente des eaux pluviales), acier Cor-Ten (bandeau périphérique), plaques de plâtre + peinture (finitions intérieures), plancher teck suspendu (sol intérieur et extérieur)
- Durée des études : 21 mois
- Durée du chantier : 2 mois
- Localisation : Bouches-du-Rhône (13)
- Livraison : juillet 2003

- Lot 01 : structure, charpente métallique, menuiseries extérieures, isolation, métalleries
[Entreprise ACTUMET] 28 400 € HT
- Lot 02 : doublage, peinture, électricité
[Entreprise ERSOM] 3 500 € HT
- Lot 03 : plancher bois
2 100 € HT

- Total HT : 34 000 €
- TVA 19,6 % : 6 664 €
- Total TTC : 40 664 €

Balcon sur la Loire

XAVIER FOUQUET
& FRANK GERNO

Un bureau, une chambre : c'est ce dont Nadine a besoin pour agrandir sa maison et attribuer à son fils devenu adolescent un espace vital plus important, plus autonome aussi. Ce logement de plain-pied qu'elle occupe dans la banlieue jadis ouvrière de l'ouest de Nantes présente une partition assez dense ; elle pourrait ainsi décongestionner le rez-de-chaussée, augmenter la surface de la salle de bains qu'elle juge trop petite et décloisonner séjour et cuisine. De facture modeste, ce bâtiment des années 1940 en parpaings et mâchefer bénéficie néanmoins d'une situation tout à fait exceptionnelle : exposé plein sud, il domine la Loire depuis une ancienne carrière de granit qu'il surplombe. Une caractéristique qui va, bien entendu, déterminer le projet confié aux architectes Xavier Fouquet et Frank Gerno.

En raison de la faible profondeur du jardin (5 m), la surélévation s'avère le mode d'extension qui s'impose ; c'est aussi le plus pertinent pour exploiter la qualité du site. Comment d'ailleurs tirer le profit maximum de ce potentiel ? « En concevant un bâtiment maximisant cette orientation, répondent les architectes. Le parti pris adopté fut donc d'ouvrir pleinement la façade... L'image pourrait être celle d'une grande fenêtre ou d'un balcon habitable sur la Loire. » Toute largeur et toute hauteur, 11 m x 2,60 m, la baie créée prolongée d'un balcon au garde-corps minimaliste pour ne rien entraver de la vue engendre en effet un rapport frontal avec l'extérieur, dégageant non seulement un point de vue dominant sur les quais, le fleuve et le petit port de Trentemoult sur la berge opposée, mais également un panorama est-ouest sans obstacle sur 180°. Afin de profiter sans réserve de cette vue remarquable, la surface obtenue, un vaste plateau de 80 m² mono orienté vers la vallée, est cloisonnée a minima par une paroi coulissante séparant deux pièces de surface identique : côté ouest, le bureau partagé par Nadine et son fils et, à l'est, la chambre – deux entités communiquant, ou non, « selon les pratiques et les humeurs ».

Le volume de l'étage conçu en ossature bois procède d'une même logique d'efficacité. Forme élémentaire, économique et fonctionnelle, la construction va à l'essentiel : elle double la surface existante et accompagne la proposition d'installer ses occupants au niveau du paysage, objectif soutenu par le

La surélévation en ossature bois crée une surface supplémentaire de 80 m² mono-orientée au sud par une baie totale prolongée d'un balcon filant. A l'horizon, à droite : on aperçoit le volume de la « Cité Radieuse » de Rezé (Le Corbusier/1955).

© Philippe Ruault

© Philippe Ruault

surdimensionnement des solives de la structure. Leur débord sud, qui compose un brise-soleil protégeant le séjour du rez-de-chaussée, soustrait le jardin au regard, accentuant ainsi la sensation de flottement à hauteur de la frondaison des acacias. Pour les concepteurs, cette ordonnance a aussi un rôle architectonique, « elle vient renforcer l'effet d'un volume “posé” sur l'existant ».

Le choix de la couverture participe de cette intention et se déduit de l'analyse du site qui commande de rester opaque côté rue sur la façade nord et sur le pignon ouest afin de soustraire l'étage construit aux vis-à-vis des maisons alentour. Le produit choisi ? Une membrane d'étanchéité habituellement utilisée pour couvrir les bâtiments industriels, ou en liner de piscine. « Ce détournement d'usage semblait pertinent pour plusieurs raisons : le matériau autorisant indifféremment une pose horizontale ou verticale nous offrait l'opportunité de ne faire appel qu'à une seule entreprise pour réaliser toiture et façade, soit une mise en œuvre plus économique. Par ailleurs, en termes d'aspect, cette membrane souple renvoyait aussi aux murs mitoyens des environs : des ouvrages de pierres aux crépis anciens formant des parois non rectilignes, un peu molles, ondulantes. »

L'option d'un produit en rupture avec les couvertures traditionnelles des pavillons du quartier pose la question du traitement matériel et formel de l'extension. Doit-elle tenter d'épouser l'existant et s'évertuer à composer un ensemble homogène – si tant est d'ailleurs que cet objectif puisse être atteint et satisfaire simultanément un mode de vie d'aujourd'hui ?... Réponse : « Ce quartier, comme tout autre, s'est constitué de maisons modifiées au fil du temps, agrandies, pourvues d'ailes, d'avant-corps, d'appentis, de vérandas ou garages témoignant chacun de leur date construction. Cette hétérogénéité nous intéresse et nous touche, d'où la démarche adoptée : éviter d'unifier la façade, s'abstenir de mettre de l'ordre en lissant les différences, laisser les particularités coexister. »

A gauche : *le projet avant travaux. Une maison ouvrière de plain-pied des années 1920 orientée nord sur rue et sud vers la vallée. La maison a connu deux modifications : un garage en appentis à l'ouest et un épaississement côté jardin.*

Page suivante : *au sud vers la vallée, la baie coulissante toute largeur et toute hauteur (11 m x 2,60 m) projette les habitants dans le paysage, dispositif soutenu par la prolongation des solives de la structure et la transparence du garde-corps constitué de câbles métalliques.*

© Philippe Ruault

Angle nord-ouest. En couverture et façade, la surélévation reçoit une membrane d'étanchéité souple couramment utilisée pour couvrir les bâtiments industriels. Côté rue, quatre fenêtres pourvues de lamelles orientables assurent la double fonction de store et volet.

© Philippe Ruault

Côté jardin, le projet s'appuie sur le volume du salon existant, un ajout des années 1980.

© Philippe Ruault

DESCRIPTIF

- Architectes : Xavier Fouquet & Frank Gerno
- Construction d'origine : environ 1940
- Surface existante : 80 m²
- Surface extension : 80 m² (+ 10 m² de balcon)
- Coût total (rénovation partielle rdc + extension) : 93 414 € TTC (hors honoraires, 11 % du montant des travaux HT)
- Prix au m² : 856 € TTC (existant), 1 278 € TTC (extension)
- Chauffage : solaire passif (baie sud) et chaudière gaz de ville
- Matériaux utilisés : ossature bois posée sur maison existante en maçonnerie de parpaings de ciment et mâchefer (structure), Sarnafil TG (couverture membrane), aluminium thermolaqué en double vitrage (menuiseries extérieures), plaques de plâtre (cloisons et faux plafond), escalier métallique, sapin du nord (parquet)
- Durée des études : 6 mois
- Durée du chantier : 4 mois
- Localisation : Loire-Atlantique (44)
- Livraison : 2003

- Lot 01 : gros œuvre, démolition [Entreprise Auzeral] 13 487 € TTC
- Lot 02 : charpente-menuiserie bois [Entreprise Guillet] 32 277 € TTC
- Lot 03 : couverture membrane [Entreprise Sonisol] 12 438 € TTC
- Lot 04 : plâtrerie, isolation [Entreprise Egonneau] 7 159 € HT
- Lot 05 A : menuiserie bois [Entreprise Chomette] 11 218 € TTC
- Lot 05 B : menuiserie aluminium [Entreprise Provetec] 6 691 € TTC
- Lot 06 : plomberie [Entreprise Gautier] 7 214 € TTC
- Lot 07 : électricité, chauffage [Entreprise Brosseau] 2 696 € TTC
- Lot 09 : serrurerie [Entreprise Guillet] 4 938 € HT
- Lot 10 : stores extérieurs 2 451 € HT

- Total HT : 78 105 €
- TVA 19,6 % : 15 308 €
- Total TTC : 93 414 €

- Non compris dans les marchés : les peintures

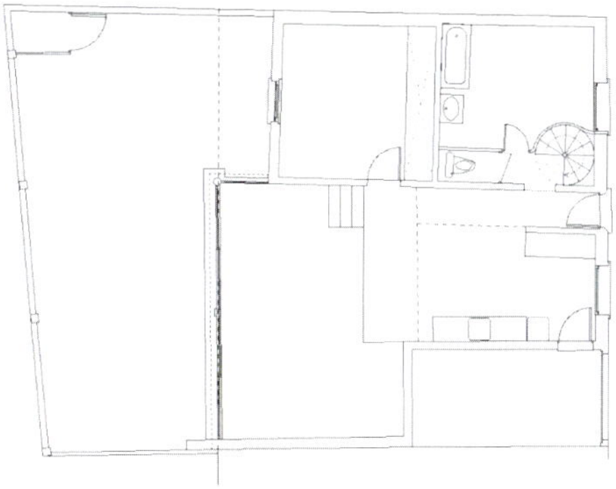

Rez-de-chaussée

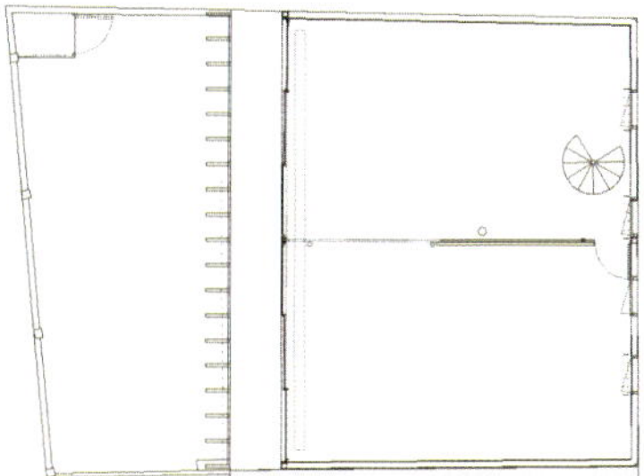

Étage

Façade Nord

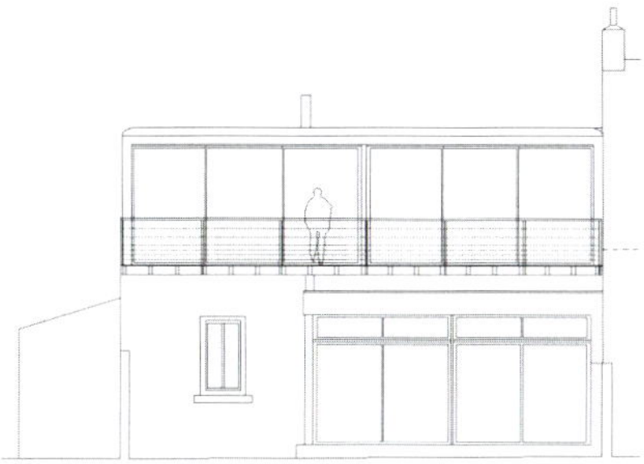

Façade Sud

À distance, mais pas trop…

PROJECTILES

Suite à la division d'une propriété importante, les architectes de l'atelier Projectiles ont mission de réhabiliter une dépendance qui se retrouve désormais seule sur son terrain, aux abords d'un bourg des environs de Toulouse. La bâtisse, rustique, en état médiocre car longtemps négligée, n'est pas dépourvue d'intérêt. Il s'agit d'un lieu d'entreposage érigé de plain-pied en briques à la fin du XIXe siècle. Sa façade sud est ouverte et envahie par la végétation, les trois autres s'avérant quasiment opaques. Ce fut un hangar à bois ; on y découvre aussi un four à pain hors d'usage, du matériel de jardinage rouillé, des cages à lapins éventrées sur un sol de terre battue. Le bâtiment définit une surface de 55 m^2, très insuffisante pour la commanditaire, qui aimerait l'utiliser comme résidence secondaire et la proposer ponctuellement à la location. Une extension s'impose donc pour disposer de trois chambres et répondre aux besoins d'une famille avec deux enfants.

Après examen du terrain, les architectes optent pour une extension dissociée de l'édifice existant, parallèle à celui-ci. Procéder ainsi concilie plusieurs objectifs : implanter le nouveau bâtiment côté ouest, seule orientation dégageant les vues les plus lointaines en raison d'une pente de terrain dans cette direction ; dissimuler la construction neuve derrière l'existant afin de préserver l'aspect initial du lieu, et enfin scinder les fonctions du logement en attribuant l'espace jour à l'extension et la partie nuit à la remise transformée. « Concernant cet aspect rénovation du projet, nous avons adopté une logique de non-réhabilitation en privilégiant une intervention minimale, expliquent Daniel Mészáros et Hervé Bouttet. La brique foraine typique de la région est conservée, la façade sud reste telle quelle avec sa glycine courant sur ses arcs cintrés. Nous nous contentons de lui ajouter une autre peau la plus discrète possible, des châssis vitrés venant remplir les vides pour clore le bâtiment. »

« Ce dispositif confortait notre première intuition, indique aussi Reza Azard, le souhait d'"abriter" la partie intime de l'habitation, lui faire bénéficier de l'épaisseur rassurante de cette brique ancienne, sachant que l'extension serait nécessairement plus ouverte. » De fait, cette dernière,

L'extension, un volume simple et homogène, abrite la pièce de vie non cloisonnée comprenant séjour, salle à manger, une cuisine semi-ouverte ainsi qu'une buanderie et des sanitaires. Le hangar réhabilité est dédié à l'espace nuit. Les percements de sa façade sud sont conservés, la glycine également. Extérieurement, l'intervention est minimale, se résumant essentiellement à la pose de châssis vitrés.

Le projet avant travaux : un hangar à bois de la fin du XIXe siècle coiffé d'une toiture double pente en tuiles canal. Erigé en briques, le bâtiment, partiellement crépi est rustique, entièrement ouvert sur sa façade sud envahie par la glycine.

parallélépipédique (13,60 m x 5,50 m), est intégralement vitrée sur sa face ouest, s'ouvrant sur l'extérieur par neuf baies coulissantes toute hauteur. A l'inverse de la séquence nuit, très découpée – elle concentre trois chambres, deux pièces d'eau et un dégagement dans 55 m² –, l'espace jour, de surface quasi équivalente (63 m²), est non cloisonné, hormis la zone de services implantée sud. Celle-ci regroupe cuisine, buanderie et toilettes dans un volume compact et fluide, mais permettant, si besoin, d'isoler la cuisine du séjour par une porte à galandage.

Elément clé du type d'implantation retenu, la liaison entre l'existant et la construction neuve assure une double fonction :

La liaison entre les deux bâtiments abrite l'entrée. Elle fonctionne comme un sas desservant les deux corps de l'habitation en leur centre. Equipée de portes vitrées toute hauteur sur ces deux faces, cet espace de 9 m² crée un double accès : au nord, côté parking (arrière-plan), au sud, côté entrée de la parcelle.

entrée de l'habitation et sas distribuant les deux bâtiments, la partie nuit à droite et la pièce à vivre à gauche. Oblongue (5 m x 1,60 m) et vitrée sur ces deux orientations nord-sud, elle crée un espace intermédiaire où les deux édifices se font face, à distance calculée. « Outre son rôle opérationnel, il nous semblait aussi que cet interstice était nécessaire à la cohabitation satisfaisante d'architectures d'écritures différentes. » Cette entrée en renfoncement des façades sud dessert la maison en son centre et gère deux volumétries hétérogènes : la toiture à deux pans en tuiles canal d'origine et la toiture-terrasse de l'extension.

Ossature bois ? Maçonnerie ? Le mode de construction a été soumis à un arbitrage financier. Les deux options ayant été chiffrées, la plus économique a été retenue « sans préjugé idéologique ». L'extension est donc érigée en parpaings (moins coûteux d'environ un tiers) par un maçon travaillant d'ordinaire pour les pavillonneurs. En revanche, un soin particulier a été apporté à l'enveloppe extérieure : un bardage en lamelles d'épicéa rétifié posées à claire-voie. « En dépit de la rétification, ce produit n'était pas plus onéreux qu'une solution Trespa ou une tôle d'acier thermolaquée, notent les architectes, et il nous convenait davantage : le rythme des clins établissait un dialogue avec l'appareillage des briques, une continuité graphique qui nous intéressait. »

Les concepteurs ont également mis à profit la particularité de ce bardage pour dissimuler les trois châssis vitrés (0,90 m x 0,90 m et deux fois 2,60 m x 0,90 m) perçant les flancs sud et est de l'extension. Extérieurement, le procédé confère une forte homogénéité à la nouvelle construction. Intérieurement, il fonctionne comme un claustra offrant trois sources de lumière supplémentaires tout en ménageant des vues protégées sur le chemin d'accès au sud. Soutenu par la prolongation du bardage de part et d'autre de la terrasse, ce dispositif apporte au séjour une vue rigoureusement « cadrée », celui-ci se révélant en somme mono orienté vers l'ouest. Cette organisation produit un rapport frontal avec le fond de la parcelle, un paysage vallonné panaché d'espaces boisés et de terres agricoles.

Ci-dessus : *la façade ouest, transparente sur le jardin.*

Ci-contre : *façade sud. Ton sur ton avec l'écorce des arbres, le bardage horizontal de lamelles d'épicéa rétifié, contribue à alléger et homogénéiser le volume. Il escamote les châssis vitrés en les recouvrant (cf. image du bas, à l'extrême gauche) et se poursuit sur les flancs nord-sud du bâtiment en paroi ajourée.*

Ci-dessous : *vitré toute largeur (13 m) et toute hauteur (2,60 m) sur l'ouest, le séjour créé instaure un lien direct avec le paysage se déployant derrière les figuiers, poiriers et cerisiers… Composée de neuf panneaux, la baie s'escamote sur 6 m.*

Depuis le chemin d'accès, l'extension joue la discrète afin de ne pas perturber l'aspect initial du lieu, l'implantation du bâtiment ancien dans son site.

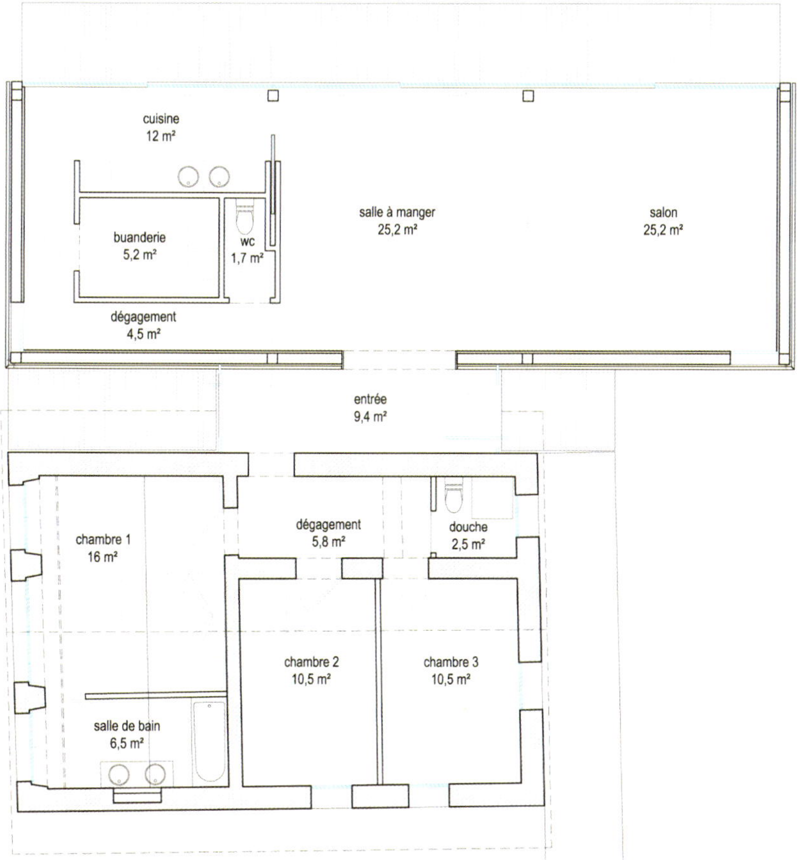

DESCRIPTIF

- Architectes : Projectiles
- Construction d'origine : fin XIXe siècle
- Surface existante : 55 m²
- Surface extension : 70 m² (y compris la zone d'entrée)
- Coût total (réhabilitation de l'existant + extension) : 136 601 € TTC (hors honoraires, 14 % du montant des travaux HT)
- Coût de la réhabilitation de l'existant : 47 096 € TTC (TVA à 5,5 %)
- Coût de l'extension : 89 505 € TTC (TVA à 19,6 %)
- Prix au m² : 856,30 € TTC (existant), 1 278 € TTC (extension)
- Chauffage : électrique par convecteurs
- Matériaux utilisés : béton (dallage, poteaux et poutrelles préfabriquées), parpaings ciment (murs extérieurs), lamelles d'épicéa rétifié (bardage), plaques de plâtre (cloisons et faux plafond), aluminium thermolaqué en double vitrage SP 15 (menuiseries extérieures), finition des sols béton par un bouche-pores translucide
- Durée des études : 8 mois (délai d'instruction du permis de construire compris)
- Durée du chantier : 7 mois
- Localisation : Vallesvilles, Haute-Garonne (31)
- Livraison : mai 2007

- Lot 01 : gros œuvre, démolition
[Entreprise Cabarrou & fils] 23 232 € HT
- Lot 02 : étanchéité
[Entreprise ETC] 6 827 € HT
- Lot 03 : menuiserie aluminium
[Entreprise Vélox Alu] 10 083 € HT
- Lot 04 : plâtrerie, isolation
[Entreprise Sarl F. Clavéro] 7 159 € HT
- Lot 05 : menuiserie bois
[Entreprise Chomette] 12 413 € HT
- Lot 06 : plomberie
[Entreprise SGE] 4 045 € HT
- Lot 07 : électricité, chauffage
[Entreprise SGE] 6 578 € HT
- Lot 08 : sols béton, résine
[Entreprise Castillo] 1 157 € HT
- Lot 09 : peintures
[Entreprise S. Blavit] 3 343 € HT

- Total HT : 74 837 €
- TVA 19,6 % : 14 668 €
- Total TTC : 89 505 €

- Non compris dans les marchés : la viabilisation de la parcelle pour un montant de 22 500 € HT

Cap à l'ouest

ATELIER 32

Acquérir le terrain situé à l'arrière de leur maison, cette parcelle qui les ferait bénéficier d'un vaste jardin procurant des vues lointaines sur la plaine briarde… un rêve pour France et Pascal. Mais ils patientent depuis qu'ils ont acheté dans cette bourgade rurale des environs de Meaux, il y a… vingt-cinq ans. Entre-temps, les enfants sont devenus adultes et ont quitté les lieux. Ils débutent les préparatifs du mariage de l'un d'entre eux lorsqu'ils apprennent que le fameux terrain est enfin disponible. Ils l'acquièrent aussitôt et contactent David Dekeyser et Cédric Trentesaux, des architectes de leur connaissance.

Ayant eu tout le loisir d'y penser, la mission qu'ils s'apprêtent à leur confier est assez précise : percer une porte et une fenêtre sur ce jardin tant attendu (une parcelle de 540 m^2 à 1,40 m au-dessus du sol de l'habitation) et créer un local poubelle, une buanderie et un garage pour leurs deux voitures.

Principalement orientée est sur sa façade rue, cette maison briarde édifiée en R + 1 est mitoyenne au sud. Son pignon nord est modestement ouvert sur une cour qui comprend un atelier et un ancien poulailler. Bordant la parcelle désirée, sa façade ouest est complètement aveugle… Résultat : l'habitation se trouve repliée sur elle-même, sombre, sinon très sombre au rez-de-chaussée. Le parti pris des architectes : ouvrir largement le bâtiment sur l'ouest par la création d'une véranda tout en unifiant les trois bâtiments (l'atelier, le garage et la bâtisse principale) par une longue coursive en bois. Le garage, implanté en lieu et place du poulailler, marque en outre la distinction entre cour et terrain. Le procédé qui circonscrit le passage des automobiles à la seule cour garantit l'intégrité et l'intimité du futur jardin. Quant à la façade ouest, elle est percée au rez-de-chaussée de deux grandes baies ouvrant sur la véranda (2,50 m x 2,10 m). L'implantation de la véranda apporte la lumière jusqu'au cœur de la maison et engendre sur toute la longueur du bâtiment un second séjour vitré toute hauteur accessible de plain-pied avec le nouveau jardin.

Le projet s'organise autour de la grande coursive constituée par la véranda et la pergola, colonne vertébrale de la nouvelle construction. Cet ouvrage assure plusieurs fonctions : établir une connexion physique et visuelle entre les volumes bâtis, indiquer la nouvelle entrée de l'habitation et soutenir l'auvent qui lui procure un seuil couvert. L'ordonnance adoptée instaure une liaison cohérente entre des espaces et des fonctions hétérogènes : le garage et le logement, mais

L'implantation de la véranda permet de créer une vaste terrasse à l'étage communiquant avec la chambre du couple dont la petite ouverture d'origine est été agrandie à 1,60 m x 2,00 m afin qu'il puisse profiter de la vue depuis leur lit.

également la cour et le jardin. La trame structurelle serrée de cet ouvrage, 87 cm, utilisée pour les poteaux de la véranda comme pour les poutres de la pergola, répond à plusieurs impératifs : rythmer la façade, multiplier les petits éléments mieux adaptés à une échelle domestique, exploiter directement les poteaux de la structure comme cadres des portes et des fenêtres. Le même souci d'optimisation guide la conception de la véranda, volume lui aussi mis à profit pour jouer un autre rôle et enrichir le programme initial : attribuer à la chambre du couple à l'étage une vaste terrasse (12 m x 2,50 m). Elle offre une vue panoramique dominante à 180° sur la plaine briarde et bénéficie d'une relation directe avec le jardin par un escalier dont la sous-face sert au stockage du bois.

Cette autre fonction offrant un espace extérieur « imprévu » enchante le couple qui profite aussi maintenant depuis son lit d'une perspective étendue jusqu'à l'horizon. « Voilà typiquement le genre de dispositif que les modèles préconçus des vérandalistes ne peuvent mettre en œuvre », indiquent les architectes. Ils soulignent aussi l'adaptation de leur trame au contexte : générer un ombrage approprié au soleil bas de l'ouest. Leur motif de satisfaction ? Que la véranda soit immédiatement devenue la pièce principale. Profitant pleinement été comme hiver d'un paysage auquel l'habitation tournait le dos, le couple prend désormais tous ses repas en contemplant la nature… « Retourner » la maison pour mettre le cap à l'ouest était donc sans doute la bonne option.

Ci-dessus : *la plaine briarde depuis la chambre du couple.*

A gauche : *côté cour, axe est-ouest : à gauche la nouvelle porte d'entrée vitrée profite d'un seuil couvert. La pergola longeant le garage assure la liaison avec l'habitation. Les portes du garage créé sont en Red Cedar non traité, bois qui, avec l'Iroko de la structure, habille toutes les façades du projet et unifie l'ensemble de l'intervention : pergola, structure de la véranda, plancher de la terrasse, escalier extérieur.*

Ci-contre : *le volume abrité généré par l'escalier extérieur est mis à profit pour le stockage du bois.*

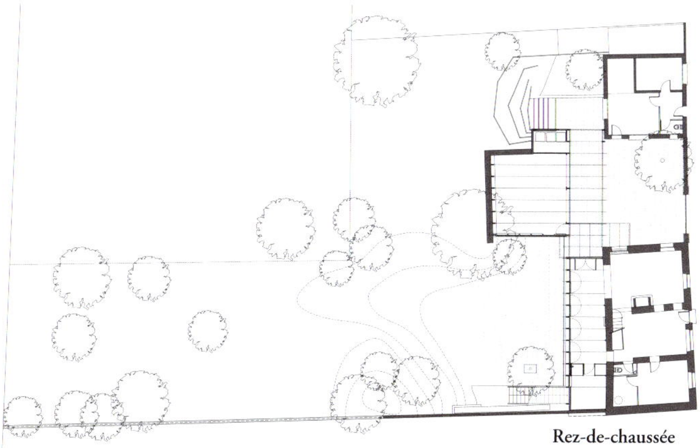

Rez-de-chaussée

DESCRIPTIF

- Architectes : Atelier 32 - David Dekeyser & Cédric Trentesaux
- Construction d'origine : fin XIXe siècle
- Surface du terrain réaménagé : 630 m^2
- Surface de l'extension : 75 m^2 (dont 35 m^2 de véranda et 40 m^2 de garage) + 35 m^2 de balcon et une pergola
- Coût total (aménagements extérieurs + extension) : 148 335 € TTC (hors honoraires, 14 % du montant des travaux HT)
- Coût des aménagements extérieurs : 43 467 € TTC
- Coût de l'extension : 104 867 € TTC
- Prix au m^2 de l'extension : 1 398 € TTC
- Chauffage : chaudière gaz de ville
- Matériaux utilisés : structure bois, en iroko pour toutes les parties visibles, en pin pour les parties protégées, pannes de lamellé-collé (charpente intérieure du garage), zinc sur tasseaux (couverture du garage) et étanchéité bitumée sur pente (couverture de la terrasse et de l'auvent), red cedar non traité (bardage bois extérieur), ipé (plancher de la terrasse), bois (menuiseries extérieures), béton coloré et vernis (sol de la véranda), pavés béton 12 x 12 (dallage extérieur)
- Durée des études : 6 mois
- Durée du chantier : 5 mois + 6 mois
- Localisation : Seine-et-Marne (77)
- Livraison : 2007

- Lot 01 : gros œuvre, ouvertures dans existant
[Entreprise Alvabat] 18 320 € HT
- Lot 02 : charpente
[Entreprise Tradicharpente] 33 515 € HT
- Lot 03 : couverture zinc
[Entreprise Tradi Couverture] 12 416 € HT
- Lot 04 : étanchéité
[Entreprise Etanche Bat] 3 274 € HT
- Lot 05 : menuiserie bois
[Entreprise Loureiro] 17 293 € HT
- Lot 06 : plomberie, chauffage
[Entreprise Eteix SA] 682 € HT
- Lot 07 : électricité
[Entreprise Fimelec] 2 182 € HT

- Total HT : 87 682 €
- TVA 19,6 % : 17 185 €
- Total TTC : 104 867 €

L'atelier reconverti

HTC ARCHITECTES

e jeune couple vit dans un studio parisien d'une trentaine de mètres carrés. A la naissance de leur premier enfant, ils s'efforcent de pousser les meubles mais, avec l'arrivée du second, déménager devient inévitable. Ayant acquis quelques années auparavant l'atelier où ils exercent leurs activités respectives, Sophie, tapissière, et Jean-Christophe, sculpteur, envisagent alors de transformer ce local professionnel en habitation. C'est sur ce projet que sont consultés David Duchein et Pablo Garcia Astrain, cofondateurs de l'agence HTC. Le programme : de la lumière, de l'espace, trois chambres et un séjour digne de ce nom, afin que parents et enfants bénéficient chacun de leur propre territoire, que le couple ait aussi la possibilité de recevoir des amis… bref, une « vraie maison », ce dont la famille a été privée jusqu'à présent. Budget : 100 000 € TTC.

A Saint-Ouen, au fond d'une cour profonde bordée de locaux d'artisans et de maisons en R + 1, l'atelier orienté sud est typique des quartiers ouvriers : une construction modeste se résumant à quatre murs de parpaings coiffés d'une toiture de fibres-ciment. Surface : 40 m^2. Pour autant, le bâtiment est sain et il est décidé de le conserver. Seule sa toiture sera supprimée afin de le surmonter d'un niveau et de doubler ainsi la surface, unique possibilité d'extension. Hormis le budget serré et le désir d'espace, diverses contraintes techniques orientent le projet. Le plan local d'urbanisme fixe la hauteur maximale du bâtiment à 6 m en limite de propriété. Quant à l'accès au site, il s'avère difficile, du fait de sa situation en cœur d'îlot de trame dense. Autre particularité à prendre en compte et non des moindres : l'absence de fondations qui caractérise l'atelier d'origine…

Comment conserver une enveloppe sans fondations ? « Impossible dans ce contexte de s'appuyer sur l'existant pour construire l'étage souhaité, indique David Duchein. Puisque le bâtiment ne pouvait pas supporter de masse supplémentaire, l'option choisie consiste à l'enjamber par une structure autonome assumant la descente des charges de l'étage créé et de la nouvelle toiture. » Familier du métal, l'architecte conçoit une ossature composée de trois portiques en acier galvanisé venant se poser au-delà des murs de parpaings sans toucher à l'existant. Davantage qu'autoriser la surélévation envisagée, la réponse est aussi pertinente à l'égard du site et de ses habitants. Aucun

Façade sud. La surélévation s'aligne sur l'acrotère de l'immeuble mitoyen à l'est. On distingue les profilés de la structure métallique enjambant l'existant. Leur section réduite permet de développer une surface vitrée quasi continue à l'étage. En pignon, le bardage aluminium du pignon renvoie les rayons du soleil vers la maison ouest occupant le fond de cour, une attention auquel le voisin a été sensible.

Le projet avant travaux : un modeste atelier de plain-pied érigé en parpaings dans les années 1950 définissant une surface de 40 m².

Ci-contre : *dans cette cour pavée que les habitants égayent de fleurs et de plantes en pots, les stores colorés animant la façade participent au charme du lieu.*

camion, ni malaxeur et autre pompe à béton ne viendront perturber la tranquillité de l'impasse. L'ossature livrée en pièces détachées sera déchargée dans la rue, transportée dans la cour à bras d'hommes puis boulonnée en une demi-journée.

Ce procédé répond aussi de façon optimum au désir d'espace. La structure autoporteuse tolère la création de surfaces vitrées importantes à l'étage, ordonnance peu compatible avec une construction maçonnée traditionnelle. La partition intérieure s'organise selon les deux plateaux de 40 m² chacun. A l'étage, un volume compact abrite la partie nuit : à l'est, la chambre du couple, séparée de la partie dévolue aux enfants par la salle de bains et la trémie d'escalier ; à l'ouest, le coin des enfants, avec deux chambres contiguës non cloisonnées sur le palier afin d'annexer cette surface à l'aire de jeux. L'ensemble est très compact et les pièces de

surface nécessairement contenue : 10 m² chacune. Mais cette relative exiguïté est compensée par leur surface vitrée toute hauteur plein sud. Au rez-de-chaussée, la partie jour n'est pas cloisonnée pour préserver l'ampleur d'un volume généreux disposant de 3 m de hauteur sous plafond. Le positionnement de l'escalier – perpendiculaire à la pièce – définit deux zones : le séjour côté ouest, la cuisine et la salle à manger à l'est. Son dessin, simple, soutient l'intention d'une pièce unique en jouant un rôle de claustra minimaliste pour préserver une vue traversante sur toute la surface. Si les percements d'origine sont conservés tels que, l'implantation de l'escalier apporte néanmoins une source de lumière supplémentaire via la trémie de l'ouvrage qui canalise la lumière provenant des baies sud de l'étage. La solution est inventive et profitable : sans modifier l'existant, le rez-de-chaussée bénéficie d'une luminosité notablement accrue.

Ci-contre : *au rez-de-chaussée, la pièce de jour non cloisonnée est structurée par l'implantation perpendiculaire de l'escalier métallique. Celui-ci articule deux espaces : le salon à l'ouest, la cuisine-salle à manger à l'est.*

Ci-dessus : *le dessin de l'escalier et de ses garde-corps évite de scinder la pièce, préservant l'unité et la fluidité d'un volume ample bénéficiant de 3 m de hauteur sous plafond. La trémie de l'escalier canalise la lumière provenant des baies sud de l'étage vers le séjour qui bénéficie ainsi d'un surcroît de luminosité.*

Vue traversante sur l'étage. Le plancher en chêne de ce niveau affleure avec les dormants des baies vitrées, instaurant ainsi une relation plus directe avec l'extérieur.

Economique par les dispositifs mis en œuvre, l'intervention établit également qu'il est souvent plus avantageux de profiter de l'existant en l'adaptant plutôt que de démolir… Un parti pris de « recyclage » qui suppose évidemment une réflexion appropriée en amont. A la politique de la table rase, l'architecte a préféré « une mode opératoire ne reniant pas l'histoire et le caractère du lieu, une transformation douce à la fois moderne et respectueuse. Travailler l'économie d'un projet consiste avant tout à trouver les solutions techniques efficaces et adaptées aux contraintes pour pouvoir offrir de « belles » prestations, pas des matériaux au rabais », souligne aussi David Duchein. Et en effet, des généreuses baies vitrées coulissantes aluminium aux stores d'ombrage motorisés insufflant une touche de gaieté à une façade qui devient ainsi modulable et ludique, rien n'exhale ici l'austérité janséniste encore souvent associée aux opérations peu onéreuses.

Au contraire, c'est bien une générosité qui émane de l'intervention. En termes d'espace et d'apports solaires notamment. Mais aussi dans la gestion de « détails » ayant leur importance. Ce sont les sections des profilés de l'ossature calculées au plus précis pour économiser la matière et ne pas obturer la vue, l'absence de rupture du sol de l'étage, le parquet affleurant les rails de baies coulissantes afin de prolonger l'intérieur vers l'extérieur. C'est encore le choix du bardage aluminium qui apporte à la maison voisine ouest un supplément de luminosité. Dans ce cas précis, les économies réalisées ont même permis d'équiper l'étage d'un parquet en chêne « traditionnel » posé sur lambourdes… Un luxe qui n'est pas loin de conférer un vernis cossu à cet atelier sans prétention qui inaugure une nouvelle vie.

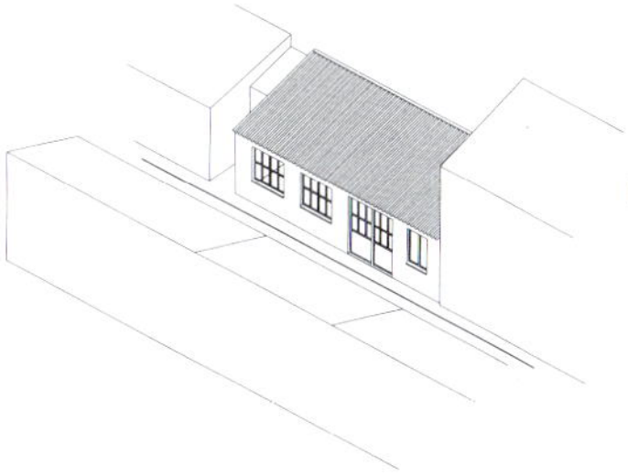

Etat existant

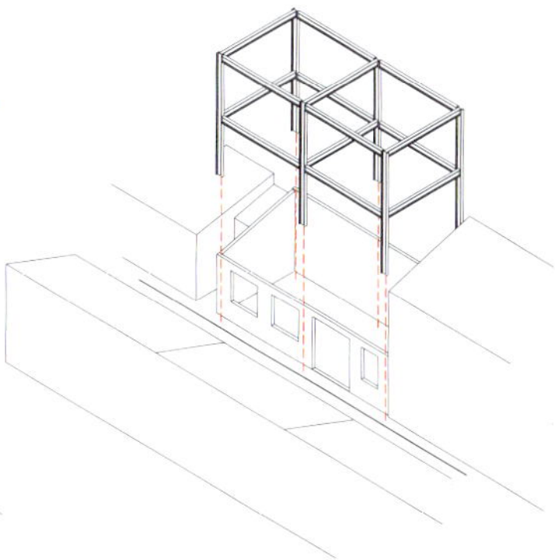

Travaux:
- Conservation de l'enveloppe
- Démontage de la toiture
- Extension par une structure métallique autonome

Projet

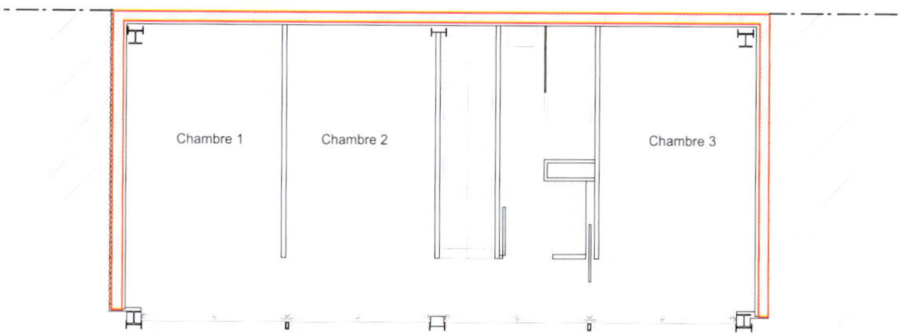

Étage

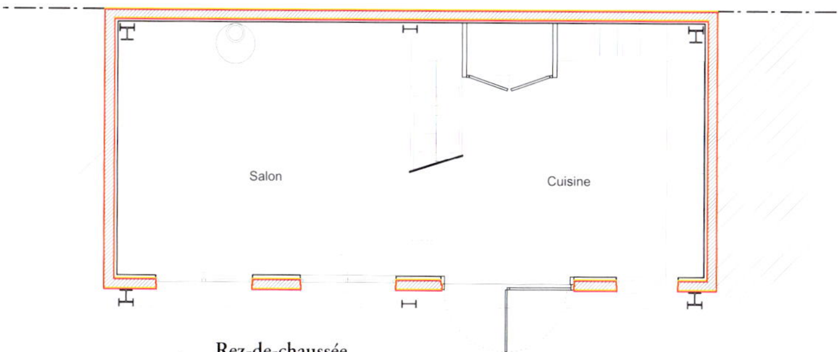

Rez-de-chaussée

0 0.5 1 2

DESCRIPTIF

- Architecte : HTC - David Duchein & Pablo Garcia Astrain
- Construction d'origine : environ 1950
- Surface existante : 40 m²
- Surface de l'extension : 40 m²
- Coût total (réhabilitation de l'existant + extension) : 103 543 € TTC (hors honoraires, 10 % du montant des travaux HT)
- Coût de la réhabilitation de l'existant : 20 839 € TTC (TVA à 5,5 %)
- Coût de l'extension : 82 704 € TTC (TVA à 19,6 %)
- Prix au m² de l'extension : 2 067 € TTC
- Chauffage : poêle à bois au rez-de-chaussée, convecteurs d'appoint à l'étage
- Matériaux utilisés : charpente métallique en acier galvanisé (structure R + 1 et toiture), chape béton peint sur dalle existante + isolant incompressible (rez-de-chaussée), plancher chêne posé sur lambourde (sols), panneau sandwich 100 mm Ondatherm 1040 TS (toiture), huisseries bois, double vitrage 4/16/4 en remplacement des fenêtres existantes au rez-de-chaussée, menuiseries aluminium coulissantes à rupture de pont thermique, double vitrage 4/16/4 à l'étage (menuiseries extérieures), plaques de plâtre (cloisons, doublage), stores à l'italienne, toiles d'ombrage acrylique colorées, motorisation et manœuvre par commande radio de l'ensemble (protection solaire)
- Durée des études : 12 mois
- Durée du chantier : 5 mois
- Localisation : Saint-Ouen, Seine-Saint-Denis (93)
- Livraison : juin 2007

- Lot 01 : gros œuvre
[Entreprise Domingos] 20 983 € HT
- Lot 02-03 : charpente métallique, serrurerie
[Entreprise Sékatol] 38 134 € HT
- Lot 04 : menuiserie aluminium
[Entreprise Sékatol] 8 291 € HT
- Lot 05 : plâtrerie, isolation, menuiserie bois, peinture
10 300 € HT
- Lot 06 : protection solaire
[Entreprise Belzacq] 4 160 € HT
- Lot 07 : plomberie
[Entreprise Domingos] 4 035 € HT
- Lot 08 : électricité, chauffage
3 000 € HT

- Total HT : 88 903 €
- TVA (5,5 % et 19,6 %) : 14 650 €
- Total TTC : 103 653 €

- Non compris dans les marchés : le poêle à bois, 4 180 € HT

Concours privé

Plan 01
E-mail : contact@plan01.com
Tomaso Mani
48, rue de Clignancourt
75018 Paris
E-mail : jojko.mani.nawrocki@gmail.com

Métamorphose

Frédérique Pyra-Legon
18, impasse Victor-Basch
83400 Hyères
Téléphone : 04 94 65 54 44
E-mail : fp.architecte@orange.fr

Surélévation grutée

Datoo Architecture
59, rue Michelet
93100 Montreuil-sous-Bois
Téléphone : 01 42 87 05 84
Télécopie : 01 42 87 40 51

14 bis, rue du Maréchal-Foch
77780 Bourron-Marlotte
Téléphone : 01 64 28 38 21
Télécopie : 01 64 28 39 21
E-mail : datoo@datoo.fr
Site web : www.datoo.fr

HLM revisitée

Cécile Gaudoin
25, rue Surcouf
35000 Rennes
Téléphone : 02 99 54 32 48
Télécopie : 02 99 31 69 78
E-mail : cecile.gaudoin@wanadoo.fr

« La véranda »

Alter Smith
Franck Biron, Sylvain Gasté, Romain Rousseau
12, rue de l'Echappée
44200 Nantes
Téléphone : 02 40 47 70 35
Télécopie : 02 40 08 02 48
E-mail : altersmith@free.fr

Alternative textile

Franklin Azzi
10, rue Saint-Marc
75002 Paris
Téléphone/Télécopie : 01 40 26 68 21
E-mail : info@franklinazzi.com
Site web : www.franklinazzi.com

Le chaînon manquant

Sylvain Menaud
11, rue Guy-Patin
75018 Paris
Téléphone : 06 18 42 20 88
E-mail : sylvainmenaud@free.fr

La maison de Sébastien

David Pradel
108, cours de Verdun
33000 Bordeaux
Téléphone/Télécopie : 05 56 44 25 61
E-mail : dpxx@free.fr

Catherine Mazières
74, rue du Tondu
33000 Bordeaux
Téléphone/Télécopie : 05 56 51 50 02
E-mail : catmaz2000@yahoo.fr

Comme un Lego

Agence Carré Houssais
30, rue du Faubourg-Poissonnière
75010 Paris
Téléphone/Télécopie : 01 42 46 86 08
E-mail : agence@carrehoussais.com
Site web : www.carrehoussais.com

Jardin suspendu

Sébastien Faye
25, boulevard Gergovia
63000 Clermont-Ferrand
Téléphone : 09 50 15 14 14/06 62 23 07 77
Télécopie : 04 73 14 10 14
E-mail : sebastienfaye51@gmail.com

Auprès de mon arbre

Françoise Coulon & François Maufra
2, rue du Forez
75003 Paris
Téléphone : 01 44 61 76 77
Télécopie : 01 44 61 76 52
E-mail : francoisecoulon@club-internet.fr

La maison dans la maison

Lode Architecture
99 bis, avenue Verdier
92120 Montrouge
Téléphone : 01 46 57 18 80
Télécopie : 01 41 09 79 70
E-mail : info@lode-architecture.com
Site web : lode-architecture.com

Maison Trompette

Datoo Architecture
59, rue Michelet
93100 Montreuil-sous-Bois
Téléphone : 01 42 87 05 84
Télécopie : 01 42 87 40 51

14 bis, rue du Maréchal-Foch
77780 Bourron-Marlotte
Téléphone : 01 64 28 38 21
Télécopie : 01 64 28 39 21
E-mail : datoo@datoo.fr
Site web : www.datoo.fr

Espaces partagés

Benjamin Dubreu
17A, rue des Petits-Champs
67300 Schiltigheim
Téléphone : 06 09 53 68 26
Télécopie : 08 21 19 39 14
E-mail : b.dubreu.architecte@free.fr

Entre-deux

Benoît Chailleux
17, rue de la Confiserie
44100 Nantes
Téléphone : 02 40 58 64 14
Mobile : 06 86 56 01 88
E-mail : bchailleux@free.fr

L'échoppe

Dugravier + Sémondès Architecture
45, place des Martyrs-de-la-Résistance
33000 Bordeaux
Téléphone : 05 56 42 17 76
Télécopie : 05 56 42 38 33
E-mail : architectes@dugravier-semondes.com
Site web : www.dugravier-semondes.com

Trait d'union

Sylvain Menaud
11, rue Guy-Patin
75018 Paris
Téléphone : 06 18 42 20 88
E-mail : sylvainmenaud@free.fr

Objet non identifié en secteur sauvegardé

Mauro Veneziano
16, cours Sextius
13100 Aix-en-Provence
Téléphone : 06 15 07 51 36 / 04 42 26 83 45
Télécopie : 04 42 26 47 49
E-mail : info@mauroveneziano.com
Site web : www.mvms-architecture.com

Balcon sur la Loire

Xavier Fouquet
5, rue Perrault
44000 Nantes
Téléphone : 02 40 71 96 35
Télécopie : 02 40 69 50 78
E-mail : f.au@orange.fr

Frank Gerno
12, avenue de l'Hôtel-Dieu
44000 Nantes
Téléphone/Télécopie : 02 40 48 18 87
E-mail : mail@ip-architectes.net

À DISTANCE, MAIS PAS TROP...
Projectiles
Reza Azard, Hervé Bouttet & Daniel Mészáros
12, passage Turquetil
75011 Paris
Téléphone : 01 58 30 82 61
Télécopie : 01 43 67 86 47
E-mail : atelier@projectiles.net
Site web : www.projectiles.net

CAP À L'OUEST
Atelier 32 architectes - AA32
David Dekeyser & Cédric Trentesaux
34, rue Mathis
75019 Paris
Téléphone / Télécopie : 09 54 76 75 34
E-mail : contact@atelier32.fr
Site web : www.atelier32.fr

L'ATELIER RECONVERTI
HTC - David Duchein & Pablo Garcia Astrain
Paris : 82, quai de la Loire
75019 Paris
Téléphone : 06 67 22 68 80
E-mail : davidduchein15@hotmail.com
San Sebastián : C/Loyola n° 14 1° - Oficina 08
San Sebastián 20 005
Téléphone : 0034 943 42 36 02
E-mail : garcia_astrain@telefonica.net
Site web : www.pga-htc.net

MISSIONS DES ARCHITECTES

Globalement, trois missions régissent les rapports contractuels du commanditaire avec son architecte :

La mission complète. L'architecte assure la conception du projet dans ses moindres détails, assiste le commanditaire pour la demande de permis de construire, sélectionne avec lui les entreprises chargées des travaux et dirige le chantier jusqu'à la réception.
La mission d'étude de projet. L'architecte assure la conception du projet dans ses moindres détails, assiste le commanditaire pour la demande de permis de construire et est chargé de la conception technique de sa maison. Le commanditaire peut ensuite prendre personnellement en main la phase de consultation des entreprises et de réalisation de l'ouvrage, ou faire appel à un constructeur sur la base d'un contrat de construction de maison individuelle conforme à la loi de 1990.
La mission de demande de permis de construire. Cette mission doit être obligatoirement confiée à un architecte si le projet représente une surface supérieure à 170 m² de surface hors oeuvre nette (article 4 de la loi du 3 janvier 1977 sur l'architecture et article premier du décret du 3 mars 1977 relatif aux dispenses de recours à l'architecte). L'architecte assure la conception de la maison et assiste le commanditaire pour la constitution du dossier de demande de permis de construire.

Pour de plus amples informations, voir le site de l'Ordre des architectes : www.architectes.org

NB : Les architectes ayant conçu les projets publiés sont diplômés par le gouvernement (DPLG).

REMERCIEMENTS

Un grand merci aux architectes et aux maîtres d'ouvrage pour leur disponibilité et leur patience.
Ainsi qu'à Juliette Darmon, Vladimir Doray, Sophie Dulau, Christophe Hutin, Coralie Jugan, Jean-Charles Liddell, Alain Parinet, Plan 01, Catherine Rannou, Chantal Rebout, Alix Rivière, Raphaëlle Segond, Isabelle Thauvel et Laurent Vilette.
Merci également à Anne Lacaton.

Informations, commentaires et critiques,
contact auteur : darmon.o@free.fr

Editeurs : Christian Ryo, Gaëlle Guilmard
Assistante éditoriale : Caroline Decaudin
Conception graphique : Thierry Le Prince
Mise en page : Studio des Editions Ouest-France

Photogravure : graph&ti, à Cesson-Sévigné (35)
Impression : Imprimerie Pollina, à Luçon (85)

Retrouvez-nous sur www.editionsouestfrance.fr

ISBN : 978-2-7373-4600-2 - N° d'éditeur : 5779.01.20.09.08
Dépôt légal : septembre 2008
Imprimé en France - n°L47594